연꽃처럼 살다가
수련처럼 가련다

연꽃처럼 살다가 수련처럼 가련다

초판 1쇄 발행 2019년 3월 1일

지 은 이 호정
발 행 인 권선복
편 집 유수정
디 자 인 오지영
전 자 책 서보미
발 행 처 도서출판 행복에너지
출판등록 제315-2011-000035호
주 소 (157-010) 서울특별시 강서구 화곡로 232
전 화 0505-613-6133
팩 스 0303-0799-1560
홈페이지 www.happybook.or.kr
이 메 일 ksbdata@daum.net

값 15,000원
ISBN 979-11-5602-696-9 03220

연꽃처럼 살다가
수련처럼 가련다

호정 지음

도서출판 행복에너지

머리말

뭇 생명이 움트는 봄의 문턱에서 지나온 나날을 뒤돌아봅니다. 속세의 업을 벗기고자 몸부림쳐온 수행자의 가슴이건만 내 생명, 내 것이 중요하듯 남의 생명도 소중하다는 것을 뼈저리게 몸소 체험한 절반의 인생. 하나의 티끌이 우주법계를 이루어가듯 개개인의 따뜻하고 열린 가슴이 모아질 때 우리 모두의 것은 조화롭게 꽃피울 것입니다.

작은 그릇에 넘쳐나는 반연絆緣을 감당하기 어려워 이 길승려을 택한 사연을 밝히면서 못나고 여리고 어쭙잖은 소승이 세상을 살아갈 수 있는 길이라면 모두를 끌어안고 살아가려 합니다.

이제야 부처님 법을 조금은 알 것 같아 감히 말씀드리지만 모든 사람들이 이 사바세계를 고해苦海라 해도 내가 출가 후의 고해는 고해가 아니고 절묘한 정토의 세계였습니다.

인간세계를 고해라 하는 것은 부처님의 법을 모르는 자에게 하는 말이요, 법을 알고 보면 인간 세상은 보살의 세계인 것입니다.

만약 복이 없고 업이 많은 사람이라면 지옥이나 아귀, 축생으로 태어났을 것인데, 사람 몸 받고 태어났으니 앞으로 좋은 일을 마음대로 할 수 있는 보살임을 알게 된 것입니다.

하기야 인간도 천차만별이지만 불법을 만나 자기 자신을 가꿀 수 있다는 것을 이 우주보다 더 크고 넓은 공덕의 화현인 줄을 알고 부처님께 소신공양 올리는 마음으로 남은 생을 열심히 수행하겠습니다.

|목차|

2장 연꽃 같은 삶

3장 불교의 오늘과 내일

1장
부처와 사람

제1장

인과응보에 대하여

물질문명의 눈부신 발전으로 인간들의 생활환경은 편리해졌지만 자연은 인류의 물질적인 행복을 위해 정복의 대상이 되어 파괴되는 것은 안타까운 일이며, 그로 인해 인류가 겪어야 하는 고통이 극으로 치닫고 있다는 사실을 모르고 있는 것도 실로 안타까운 일이다. 물질의 풍요를 요구하고 그 욕구를 채우기 위한 투쟁은 정신적 사유세계의 도덕적 윤리행위마저 저버린 채 대립과 불신의 나락으로 치닫고 있다. 모든 것은 조건이 있을 때 생겨나고 조건이 없으면 사라진다는 진리가 바로 인과의 가르침이며 연기의 도리인 것이다.

인과의 법칙은 불교의 기본적인 진리로서 부처님이 45년간 설하신 8만 4천 법문 모두가 이 법을 근간으로 하고 있다. 그래서 자연을 무시하는 사람을 외도 가운데 외도라고 부른다. 지금 우리는 자연을 무시하는 인간에게 형벌이 가해지고 있는데도 그 형벌의 원인을 깨닫지 못하고 있다. 지난해 9월 태풍 매미로 남해안 일대가 초토화되어 큰 피해를 입었는데, 마산시의 한곳에서만 18명의 인명과 100억이 넘는 재산을 쓸어가 버렸다. 가고파의 고향 마산 앞바다는 4~50년 전만 해도 썰물에 따라 바닷물이 빠지면 그곳에서 가재와 게, 조개를 잡고 홍합을 따기도 한 곳이다. 지금은 모두가 매립되어 아파트와 상가 건물이 빼곡히 들어서 있다. 나는 고조부 때부터 5대를 이곳 마산에서 살아왔기에 마산의 지도를 그릴 수 있을 만큼 지리를 잘 알고 있다. 그래서 지난해 태풍과 함께 바닷물이 쓸고 간 곳이 육지의 어디까지인지를 확인해 보았다. 그런데 4~50년 전 바다가 매립되기 전의 마지막 지점까지 옛 고향을 찾듯 태풍의 힘을 빌려 올라온 것이었다. 그때 나는 다시 한 번 자연의 섭리에 감탄하였다. 이렇게 자연의 섭리를 무시

한 인간에게 형벌을 가하는데도 많은 이들이 그 형벌의 원인을 깨닫지 못하고 있다.

몇 년 전 모 일간지신문에서 '소들의 복수'란 글을 읽고 놀라운 사실을 알게 되었다. 소에서 발생하여 사람에게 전염되는 광우병BSE의 인체 감염 형태인 변형 크로이츠펠트-야코프병vCJD으로 영국에서만 100여 명이 사망하고 앞으로 수십만 내지 수백만 명의 희생자가 나올 수 있다고 하며 영국을 비롯 네덜란드, 아일랜드, 덴마크 등 유럽연합 15개국과 동유럽 15개국 등 30여 개국, 이들 국가로부터 소고기를 수입하고 있는 전 세계 국가들마저 소고기와 반추 가축까지 수입을 금하고 있다고 한다. 그런데 광우병의 발생 원인이 인간의 욕심이 만들어낸 결과라고 한다. 소는 원래 초식동물이며 그런 소를 빨리 크게 하려고 양의 내장 같은 폐기물로 만든 동물성의 사료를 먹였으니 이런 괴상하고 무서운 질병으로 인간에게 복수하고 있는 것이라고 하였다. 중추신경을 마비시키는 광우병vCJD은 감염에서 발병까지는 오랜 기간이 걸리지만 한번 발병하면 몇 달 내에 사망하는 무서운 병이다.

소는 보기에는 둔하게 보이지만 매우 영민한 동물이어서, 소에게 사람들이 맛있다고 라면국물을 소죽에 섞어 주면 소들은 절대로 먹지 않는다고 한다. 라면 국물은 소고기 국물이기 때문이다. 광우병이 주는 교훈은 간단하다. 신의 섭리, 즉 자연의 섭리를 거역하면 반드시 대가를 받게 된다는 것이다.

(1) 사스 병도 야생동물의 보복

사스 역시 야생동물을 마구 잡아먹는 중국인들로부터 발생한 병으로, 홍콩 의료계에서는 사스 바이러스가 야생동물에서 사람에게 옮겨진 것이라고 결론을 냈다. 중국 사람들은 야생의 조류는 물론 뱀, 너구리, 오소리, 살쾡이 등 몸에 좋은 야생동물이라면 가리지 않고 잡아 요리해 먹는다고 하는데, 지난 2001년 뱀의 해에는 뱀을 먹어야 운이 좋아진다며 중국 전역에서 보호 야생동물로 지정된 뱀이 하루 1만 마리 정도 식탁의 제물로 사라졌다고 한다. 야생동물은 의학계에서도 아직 밝혀내지 못한 여러 가지 해충과 병균을 보유하고 있기 때문에 사스 외에도 또 다른 어떤 병이 전염될지 알 수 없는 일이다. 우리나라도 예외는 아니다. 몸에 좋다면 개구리, 뱀, 지렁이, 개, 고양이, 굼벵이까지 거리와 장소를 가리지 않고 사 먹으며, 심지어 곰쓸개, 아기 탯줄까지 정력에 좋다면 사 먹는다고 하니 과연 이들이 인과의 법칙에 따라 뿌린 씨를 어떻게 거두게 될 것인지 염려스럽기만 하다.

(2) 불교 설화에서 나온 인과응보

옛날에 지금의 호남 지방의 어느 촌에서 시골 장을 찾아다니면서 명주실을 팔아 생계를 이어가는 상인이 있었다. 어느 날 장에서 실을 팔아 돈을 쥐고 집으로 돌아오다가 밤도 어슥하여 어느 주막에서 하룻밤을 묵어가게 되었다. 그 주막집에는 마침 도박이 한창이었다. 빈 방이 없어 도박하는 사람들과 한 방에 투숙하게 되었는데, 그 방에 마침 도박으로 돈을 잃은 사람이 있었다. 이 사람은 그 상인을 보자 한눈에 돈을 가진 것을 눈치채고 그 상인의 돈을 훔치려고 기회를 노리고 있었다. 자정이 지나자 한숨 자고 난 그 상인이 화장실로 가는 것을 보고 그는 잠시 후 따라 나가 용변을 보고 있는 상인의 뒤쪽에서 낫으로 등 어깨 쪽을 찍어 죽인 뒤 시체는 뒷산에 묻고 상인의 돈을 훔쳐 가 다시 주막으로 와 술과 노름으로 세월을 보냈다. 집으로 돌아온 얼마 후, 그 아내에게 태기가 있더니 10달 후 옥동자를 낳았는데, 아내가 낳은 어린 아기를 목욕시키려고 어깨를 보니 붉은 핏줄과 함께 기다란 흉터가 있었다. 보기가 흉측해서 씻어주고 약을 발라주고 하여도 낫지를 않아 아내가 남편에게 보여주며 물었다.

"여보, 우리 아기 등줄기에 나 있는 이 상처가 약을 바르고 아무리 씻어도 낫지를 않으니 웬일일까요?"

남편이 들여다보니 과연 흉측하게 생긴 게 꼭 얼마 전에 죽인 상인의 등줄기에 맞은 낫 자국과 같이 보여 소름이 끼쳤다. 아이를 볼 때마다 공포심이 생겨 견딜 수가 없어 아기를 죽이기로 결심하고 기회가 오기를 기다리다 하루는 친구 집에 다녀오겠다고 하며 집이 보이는 뒷산에서 아내가 집을 비우기를 기다리다 마침 아내가 밭에 간 사이 집으로 내려와 아기의 코를 꼭 잡고 질식시켜 죽였다.

이듬해 아내는 다시 사내아이를 낳았다. 이번에 낳은 아이는 코를 꼭 쥐고 있는 것 같이 양쪽 코가 납작하게 붙어 있는 데다가 등에는 죽은 애와 마찬가지로 붉은 띠가 낫에 찍힌 흉터처럼 완연했다. 그는 자신이 저지른 죄의 과보인 것 같아 더 이상 아기를 죽일 용기가 나지 않았다. 그러나 그 아기를 볼 때마다 자기가 죽인 상인과 아들의 얼굴이 떠올라 견딜 수 없이 괴롭기만 하여 매일 술을 마시며 날을 보내다가 어느 날 밤늦게 술에 만취되어 집으로 들어와 보니 어린 아기가 호롱불 밑에서 세상모르게 잠이 들어 있었다. 그는 그 옆에서 꼬꾸라져 함께 잠이 들었다. 그날 밤 아기가 몸부림을 치다가 호롱불을 발로 차 삽시간에 불이 나 가족이 함께 참사를 하였는데, 그날이 바로 실 장사꾼을 죽인 제삿날 밤이라고 하니 인과因果란 무서운 것이다. 이처럼 우리는 자기가 지은 과보를 알고 지었든 모르고 지었든 인과응보를 믿고 생사의 광야에서 인과법을 이해하고 이를 잘 닦아서 가혹한 인과응보에서 벗어날 수 있도록 하여야 할 것이다.

산기도

산은 인간에게 많은 것을 베푼다.

산은 많은 에너지를 품고 있으며 산에는 언제나 에너지가 넘쳐흐른다. 바위와 흙에서 뿜어내는 기氣가 넘쳐나고 그 에너지는 모든 생물에게 활력소와 같은 역할을 해준다. 나무에서 끊임없이 뿜어내는 피톤치드PHYTONCIED는 우리의 건강에 활력소가 되어준다. 원래 피톤치드는 나무 자신을 보호하기 위한 것인데, 자신을 위협하는 각종 해충, 병균, 곰팡이, 박테리아 등에게는 킬러 역할을 하면서 인간에게는 도리어 이로운 작용을 한다. 또한 피톤치드는 화합, 합성 물질이 아닌 천연 물질로서 인간의 인체에 무리 없이 빠르게 흡수되어 우리

몸의 해로운 균들을 선택적으로 살균시켜 주며 항균작용, 소취작용, 진정작용, 스트레스 해소 등 우리에게 이로운 수많은 기능을 하는 것으로 알려져 있다. 그뿐만 아니라 뇌의 알파파를 활성화시켜 집중력과 기억력이 향상되고, 피로회복에도 도움을 준다고 알려져 있다. 그리고 산에서 흐르는 물은 가히 약수와도 같다. 산에서 흐르는 물은 흙 속으로 스며들어 흙과 바위 나무뿌리를 헤집고 나쁜 이물질은 모두 걸러내고, 계곡에서 합류하여 낮은 곳에서는 웅덩이를 만들고 높은 지역에서는 다시 흙과 바위틈으로 스며드는 과정을 반복하여 약수 바로 그 자체다. 이 외에도 산은 나에게는 안식처와 같은 곳이다. 산기도에서 인내와 겸손을 배웠고, 나를 승려의 길로 인도해 준 것도 산이요, 수행의 활력소가 되어준 곳도 산이다. 내가 산기도를 좋아하는 이유가 또 있다. 기도에 가장 장애가 되는 3가지가 있다. 보고, 듣고, 말하는 것인데, 기도 중에는 눈 막고, 귀 막고, 입 막고 사문출입을 하지 않아야 한다. 쉽지 않은 일이다. 그래서 산으로 가면 눈에 보이는 것은 자연이요. 들리는 소리는 새소리, 바람소리요, 상대가 없으니 말할 일이 없다. 이 세 가지를 막고 있으니 산에서는 기도가 저절로 된다. 수행의 버팀목이 되어주는 산, 지금도 정신적으로나 육체적으로 수행이 잘 되지 않고 답답할 때는 언제든지 망태 하나 메고 산으로 간다. 오랫동안 명산을 찾아 기도를 하였으나 나이가 들면서 여기저기 다니기가 불편하여 10여 년 전 합천에 있는 황매산과 연결된 월여산月盭山 자락 중턱에 500여 명의 기도처를 매입하여 지금은 그곳에서 이따금 산기도를 하고 있다. 월여산은 달 월자에 어그러질 려, 뫼 산으로 달이 월여산으로 넘어갈 때는 산의 정상에서 뿜어내는 기氣로 인해 달이 마치 어그러지는 것같이 보여 월여산이라 명명했다고 한다.

기도처 위쪽은 무학대사가 수행했던 곳으로 많은 유물이 나와 합천군에서 현재 유물 발굴 작업을 하고 있는데, 작업이 완료되면 무학대사 유물 박물관을 만들 계획이라고 한다.

산이 좋아 산에서 살고 싶고, 나는 산을 그리워한다.

산에는 오염되지 않은 하늘의 천기天氣와 지기地氣와 수기水氣가 있다. 산에서 기도하면서 이 세 가지의 오염되지 않은 기를 받고 나면 생기가 나고 몸과 마음이 맑고 깨끗해짐을 몸소 체험하게 된다. 인간은 자연에 순응해야지, 인간이 자연을 지배하는 주인이 되어선 안 된다.

천기란 하늘에 서려있는 기운으로 대우주의 증표이자 생명에너지의 기운이다. 흙과 나무, 바위가 있는 곳에서는 지기가 넘쳐난다. 그리고 산에서 흐르는 물은 생명의 근원지로 생명의 원천이 된다. 그런데 이런 소중한 기운들이 점차 오염되고 있다.

첫째, 지상에는 각종 공장에서 뿜어내는 매연과 자동차 배기가스, 에어컨과 냉장고 때문에 생기는 공해로 인해 맑은 공기가 탁기로 변해 지구와 함께 인류가 병들어 가고 있다.

둘째, 지기는 흙이나 바위에서 뿜어내는 기운으로 우리가 지기를 받기 위해서는 흙을 밟아야 하는데, 집 마당에서부터 길가까지 콘크리트 바닥이나 아스팔트 도로이기에 흙을 밟을 수가 없다. 이로 인해 우리는 지기도 받을 수 없다.

셋째, 우리 인간은 물 없이는 하루도 살 수 없다. 모든 음식은 물로 만들게 되는데, 물 또한 오염되지 않은 것이 없다. 쌀

농사, 채소농사에 농약과 제초제를 과다 사용함으로 모든 농산물도 오염되지 않은 것이 없다. 토질은 산성화된 지 오래고, 식수 지하수마저 오염되어 우리가 먹는 수돗물조차도 정수기 없이는 먹을 수가 없는 지경에 있는 실정이다. 우리 모두는 후손들을 위해서라도 자연을 살려야 우리도 함께 살 수 있다는 사실을 명심했으면 하는 바람이 간절하다.

사람은 세 가지의 기(氣)를 먹고 산다

사람은 세 가지의 기를 먹고 산다. 천기天氣, 지기地氣, 식기喰氣가 바로 그것이다. 천기란 하늘의 기운이며 지기는 땅의 기운이다. 식기는 오염되지 않은 물과 음식을 말한다.

천기란 하늘에 서려 있는 기운으로 대우주의 증표이자 에너지 기운을 말한다. 인간은 우주의 에너지를 들이마시고 살아간다. 사람의 몸은 눈에 보이는 9개의 구멍과 수많은 세포로 이어져 있다. 그 세포 하나하나가 숨구멍이다. 혼탁한 기운탁기을 몰아내고, 신선한 기운천기를 계속 받아야 건강하게 살 수가 있다.

지기란 땅속에서 솟아나는 좋은 기를 말한다. 지기는 산의

맥을 따라 땅으로 흐르는데, 흔히 지기를 정기라고도 한다. 그래서 땅의 기운을 받기 위해서는 땅을 밟아야 하는데, 우리는 그렇지 못하다. 가는 곳마다 콘크리트 바닥과 아스팔트가 점령하고 있다. 흙을 밟을 수도 없으며 구경하기도 힘든 현실이다. 우리가 사는 주택지와 아파트는 벽돌과 콘크리트로 바닥과 벽을 쌓아 땅에서 발산하는 기를 차단하고, 소멸시키므로 기를 받을 수가 없다.

식기, 물과 음식의 기운. 지하수는 오염된 지 벌써 오래다. 우리가 먹는 수돗물조차 정수기 없이는 먹을 수 없다. 쌀과 야채 같은 모든 농산물에 농약과 비료, 제초제 등을 끊임없이 사용하므로 땅은 산성화되고 지하수마저 오염되어 먹을 수 없는 지경이다. 공업화와 산업화로 대기 중에 황산화 물질 질소산화물과 같은 대기오염 물질이 많이 배출되면서 황산, 질산, 염화수소 등이 산성 물질로 생성되고, 강우의 pH가 5.6 이하로 떨어지면 이를 산성이라고 한다. 수질오염의 원인으로는 생활 하수, 공장 폐수, 농축산 폐수, 비닐 같은 썩지 않는 물건, 농약 제초제, 비료 등이 있으며 토양이 산성화되어 상

수원과 지하수 역시 오염되어서 물고기가 죽거나 기형이 된다. 이러한 물을 계속 마시면 모든 생물들의 수명이 단축되고 만다. 위에서 설명한 세 가지의 기를 제대로 받지 못해 인간과 지구가 병들어가고, 이로 인해 인간뿐만 아니라 지구상의 모든 생물이 병들어 죽어가고 있다. 내가 산기도를 즐겨 하는 것은 산을 좋아하는 이유도 있지만, 나를 승려의 길로 인도해준 것도 산이기 때문이다. 산기도에서 나는 인내와 겸손을 배웠고, 산에서 기를 받고, 산에서 흐르는 물을 먹고 원기를 회복하고, 자연에서 에너지나 기를 받고 건강을 지켜왔다.

물, 나무, 흙, 바위, 자연으로 이루어진 산은 생명의 원천이다. 산은 모든 생명체를 살찌운다. 그리고 산은 많은 나무와 식물이 공존하는 곳으로, 식물이 자생적으로 뿜어내는 음이온과 피톤치드가 사람의 심신을 편안하게 한다. 피톤치드는 식물이 스스로 뿜어내는 발효성 물질의 총칭으로 여기에는 테르펜을 비롯한 페놀 화합물, 알칼로이드 등의 항균 성분을 갖고 있다. 산에서 흘러내리는 물은 흙 속에서 바위 틈새를 헤집고 정화되어 내린다. 산수는 가히 생명수라고 할 만하다.

사람의 운명은 업장의 결과

불교에서는 사람의 운명은 업장의 결과이고, 이 업장의 결과는 성품으로 나타난다고 했다. 다시 말해서, 사람의 성품이 그 사람의 운명을 좌우한다. 그래서 그 운명을 바꾸기 위해서는 자신의 마음을 다스릴 줄을 알아야 한다. 그러므로 운명을 나타내는 성품, 즉 성내고 기쁘고, 생각하며 근심하는 것과 놀래고 무서워하는 현상은 모두 업장의 결과이다. 그것은 오장五臟에 근거를 두고 일어나게 된다. 육신, 즉 인체의 5장은 다음과 같다.

① 간

간은 인자함을 뜻하며 성남과 눈물을 주관하는데, 간이 너무 강하면 성을 잘 내고, 약하면 눈물을 잘 흘린다. 그래서 눈물의 감정을 줄이고 성남을 억제하면 위가 서서히 회복된다.

② 신장

신장은 예禮로서 기쁨과 땀을 주관하므로 너무 강하거나 약하면 너무 기쁘다고 땀을 흘리는 현상이 나타난다. 지나친 기쁨은 신장을 약하게 한다.

③ 비장

비장은 생각과 침을 주관한다. 생각이 너무 많으면 침이 마르고, 위를 해칠 뿐만 아니라 신장까지 해친다. 그래서 깊은 잡념에 시달리지 말아야 한다.

④ 폐장

폐장은 근심 걱정과 콧물을 주관한다. 비애에 지나치게 젖으면 폐와 간이 나빠진다. 그래서 지나친 슬픔을 삼가야 한다.

⑤ 심장

심장은 놀람과 공포, 불안으로 썩은 것을 주관한다. 너무 강해도, 너무 약해도 자꾸 놀라고 공포에 시달린다. 불안에 떨게 된다. 자연스레 가래가 나오고, 심장까지 나빠진다. 이런 분은 마음을 편하게 하여 놀라고 무서워하지 말아야 한다. 이러한 원리는 사람의 운명을 나타내는 성품 즉, 성내고 기뻐하고 생각하며 근심하는 것과 놀래고 무서워하는 현상들은 모두 업장의 결과이고, 그것은 오장에 근거를 두고 일어나게 되는 것이다.

즉, 다음과 같다.

1) 성을 잘 내면 간장과 위에 이상이 생긴다.

2) 기쁨이 지나치게 많다면 심장과 폐에 이상이 있다.

3) 생각이 너무 많으면 위와 신장에 이상이 생기게 된다.

4) 근심 걱정이 너무 많으면 폐와 간이 나빠진다.

5) 자주 놀라고 무서움을 많이 타면 신장과 심장이 약해진다.

이러한 원리들은 분야별로 적용해보면 다음과 같다.

1) 간장이 필요 이상으로 튼튼하면 위장에 극剋을 받아 위장병에 걸리기 쉽게 된다.

2) 심장이 너무 강하면 폐가 극剋을 받아 호흡기 질환을 앓게 된다.

3) 위가 강하면 신장이 약해진다.

4) 폐가 너무 강하면 간이 나빠진다.

5) 신장이 너무 강하면 심장이 약해진다.

신체의 어떤 부위가 너무 강하면 쉽게 허물어지므로 빨리 병들게 된다. 따라서 오장은 어느 하나가 너무 강하거나 약해도 안 좋다. 항시 균형을 유지해야 한다. 성품을 바르게 하면 건강은 자연스레 회복된다. 좋은 운명을 지니게 된다. 예를 들면, 어떤 정신과 의사는 위와 심장병은 마음의 병이라고 했다. 화병은 심장병이 원인이며, 심장은 오장五臟 중의 가장 중요한 장기로 사람의 정신이나 의식 활동이 모두 이와 관련되어 있다고 한다. 정신적인 스트레스는 기혈氣血 순환의 장애가 원인이다. 사람의 정신이나 의식 활동이 모두 이런 사실과 관련되어 있다. 심장병의 원인은 여러 가지가 있겠지만, 극한 스트레스, 즉 화병에서 오는 경우가 더 많다. 그래서 우리가 살아가면서 남을 미워하거나 원망하는 마음을 버리고 이웃을 사랑하는 마음으로 살아가는 것이 건강을 지키는 길이다.

좋은 친구 좋은 도반

부처님이 아난에게 말했다.

"좋은 친구와 좋은 도반을 사귀는 것은 청정한 삶의 절반에 해당된다."

너무 완벽한 사람은 존경의 대상은 되지만 가까이하기엔 어렵습니다. 물이 너무 많으면 고기가 살 수 없듯이 어딘가 조금은 부족한 사람에게는 나머지를 채워주려는 친구가 많지만 너무 완벽한 사람에게는 동지보다 시기하고 질투하는 적이 더 많이 생기게 됩니다. 나는 평범하게 수행하는 스님보다 열심히 수행하는 노승이 되고 싶습니다. 나이를 먹었다고 해서 모두 현명해지는 것이 아닙니다. 그저 조심성이 많아질 뿐입니다. 소설가 헤밍웨이는 사람은 나이를 먹는 것이 아니라 좋은 포도주처럼 익어가는 것이라고 말했습니다. 의로운 사람은 나이가 들어도 영적 성장이 멈추지 않는다고 했습니다. 나이가 들수록 더 많은 가지를 내며 아름다운 꽃을 피우고 풍성한 열매를 맺는다고 했습니다. 의롭고 지혜롭게 사는 사람은 아무리 나이가 들어도 많은 열매를 맺는 삶을 통해 많은 사람들의 존경을 받게 됩니다. 사람의 마음이 늘 고요하고 평화롭다면 그 모습 뒤에는 보이지 않는 거짓이 있을 것입니다. 잠시 잊어버리고, 때로는 모든 것을 놓아 보세요. 그 과정 뒤에는 소중한 깨달음이 있을 것입니다. 그것은 다시 희망을 품는 소중한 시간이 될 것입니다. 다시 시작하는 시간들 안에는 새로운 비상이 싹트고 있기 때문입니다. 너무 빨리 가다 보면 놓치는 것은 주위의 경관뿐만이 아닙니다. 자신의 방향성조차 놓쳐버리고 맙니다. 내가 지금 어디로, 왜 가는지조차 모르게 되는 법입니다. 작은 쾌락이 많은 고통을 동반한다고 했습니다. 인간의 욕망은 끝이 없는 법입니다. 하늘에서 황금이 쏟아진다고 한들, 그 많은 황금덩어리가 세속인들의 욕망을 다 채워주진 못할 것입니다. 그런 욕망 다 내려놓고, 좋은 친구, 좋은 도반 한 분 건져보세요. 살아가면서 남들에게 보여주고 싶은 것과 보이고 싶지 않은 것이 있습니다. 보여주고 싶지 않은 것까지 주저하지 않고 보여줄 수 있는 친구가 진정한 친구요, 도반인 것입니다.

아버지와 아들이 마주 앉아 서로의 친구 자랑을 하고 있었습니다. 아들이 먼저 말했습니다.

"나와 가장 친한 친구는 정말 착하고 좋은 친구입니다. 내가 원하고 필요한 것을 아낌없이 주는 친구입니다."

그러자 아버지가 말했습니다.

"아들아, 너의 친구는 좋은 친구가 틀림없구나. 그러나 아버지의 친구는 내가 좋아하는 것을 주는 것보다 내가 정말 어려운 일이 있을 때 자신의 위험도 감수하고 도와주는 진정한 친구란다."

그 얘기를 들은 아들이 아버지에게 제안했습니다.

"아버지, 그럼 우리 내기 한번 해봅시다."

부자는 무엇으로 내기를 할까 실랑이 끝에 아버지가 말씀하신 대로 하기로 했습니다. 먼저 아들이 친구 집에 자정이 지난 한밤중에 찾아가 친구를 불렀습니다. 자다가 일어난 친구에게, 내가 실은 실수로 사람을 죽였는데, 오늘 밤만 너희 집에 맡겨 놓았다가 내일 내가 아무도 모르게 시체를 가져가 암매장하겠다고 했습니다. 그 얘길 들은 친구는 한마디로 딱 잘라 거절했습니다.

"친구야, 내가 너와 친한 친구지만, 시체를 숨겨주면 나 역시 공범자가 되니 절대로 그럴 수 없다."

부자父子는 이번에는 가마니에 싼 모형 시체를 메고 아버지의 친구 집으로 갔습니다. 자다가 깨어난 아버지의 친구는 눈을 비비며 밖으로 나왔습니다. 아버지가 말했습니다.

"친구야, 늦은 밤에 미안하지만 내가 오늘 실수로 사람을 죽였네."

이렇게 말하며 가마니에 싼 시체를 가리켰습니다.

"이 시신을 오늘 밤에만 자네 집에 맡겼다가 내일 내가 찾아가 암매장할 테니, 좀 맡아주게나."

이 말을 들은 친구는 아버지와 아들을 어서 들어오라고 했습니다. 혹여 남이 볼까 봐 싶은 우려에서였습니다. 친구는 말했습니다.

"일단 시체는 저기 헛간에 가마니로 덮어두었다가 내일 나와 함께 암매장하게나. 이 일은 다른 가족이 알면 안 되니, 여기 일은 나에게 맡겨두고 오늘은 아들과 함께 염려 말고 돌아가게나."

그 모습을 지켜보고 있던 아들에게 아버지가 말했습니다.

"잘 보았느냐. 진정한 친구란 바로 이런 것이란다."

그 말을 한 이후에 아버지는 친구에게 사정을 얘기했습니다. 그 말을 들은 친구는 아버지와 한바탕 소리 내어 크게 웃고는 헤어졌습니다. 집으로 돌아온 아버지는 아들에게 진정한 친구에게는 목숨도 아끼지 않는 것이라고 말하며, 고난과 불행이 찾아올 때 비로소 친구임을 안다고 했습니다. 친구와 도반은 올 때는 서로 따로따로 왔지만, 갈 때는 같은 길을 가는 것입니다.

친구를 주제로 한 좋은 시가 있으니 함께 읽어봅시다.

지란지교를 꿈꾸며

유안진

저녁을 먹고 나면 허물없이 찾아가
차 한 잔을 마시고 싶다고 말할 수 있는
친구가 있었으면 좋겠다
입은 옷을 갈아입지 않고 김치 냄새가 좀 나더라도
흉보지 않을 친구가
우리 집 가까이에 있었으면 좋겠다

비 오는 오후나, 눈 내리는 밤에도
고무신을 끌고 찾아가도 좋은 친구
밤늦도록 공허한 마음도 마음 놓고 보일 수 있고
악의 없이 남의 얘기를 주고받고 나서도
말이 날까 걱정되지 않은 친구가

사람이 자기 아내나 남편, 형제나 제 자식하고만
사랑을 나눈다면 어찌 행복해질 수 있으랴
영원이 없을수록 영원을 꿈꾸도록
서로 돕는 진실한 친구가 필요하리라

그가 여성이어도 좋고 남성이어도 좋다
나보다 나이가 많아도 좋고 동갑이거나 적어도 좋다
다만 그의 인품은 맑은 강물처럼 조용하고 은근하며
깊고 신선하며 친구와 인생을 소중히 여길 만큼
성숙한 사람이면 된다

그는 반드시 잘 생길 필요도 없고
수수하나 멋을 알고 중후한 몸가짐을 할 수 있으면 된다.
때로 약간의 변덕과 신경질을 부려도
그것이 애교로 통할 수 있는 정도면 괜찮고
나의 변덕과 괜한 흥분에도
적절히 맞장구쳐 주고 나서
얼마의 시간이 흘러 내가 평온해지거든
부드럽고 세련된 표현으로 충고를 아끼지 않으면 된다

우리는 흰 눈 속 참대 같은 기상을 지녔으나
들꽃처럼 나약할 수 있고
아첨 같은 양보는 싫어하지만
이따금 밑지며 사는 아량도 갖기를 바란다.

우리는 명성과 권세, 재력을 중시하지도
부러워하지도 경멸하지도 않을 것이며
그보다는 자기답게 사는 데
더 매력을 느끼려 애쓸 것이다

우리가 항상 지혜롭진 못하더라도
자기의 곤란을 벗어나기 위해
비록 진실일지라도 타인을 팔진 않을 것이며
오해를 받더라도 묵묵할 수 있는 어리석음과
배짱을 지니기를 바란다.

우리의 외모가 아름답진 않다고 해도
우리의 향기만은 아릅답게 지니리라
우리는 시기하는 마음없이 남의 성공을 얘기하며

경쟁하지 않고 자기 하고 싶은 일을 하되
미친듯이 몰두하게 되길 바란다.

우리는 우정과 애정을 소중히 여기되
목숨을 거는 만용은 피할 것이다
그래서 우리의 우정은 애정과도 같으며
우리의 애정 또한 우정과도 같아서
요란한 빛깔과 시끄러운 소리도 피할 것이다.

우리는 천년을 늙어도
항상 가락을 지니는 오동나무처럼
일생을 춥게 살아도 향기를 팔지 않은 매화처럼
자유로운 제 모습을 잃지 않고
살고자 애쓰며 서로 격려하리라.

나는 반닫이를 닦다가 그를 생각할 것이며
화초에 물을 주다가, 안개 낀 창문을 열다가
까닭 없이 현기증을 느끼다가
문득 그가 보고 싶어지면

그도 그럴 때 나를 찾을 것이다

그리하여 우리는 우리의 손이 작고 어리어도
서로를 버티어 주는 기둥이 될 것이며
눈빛이 흐리고 시력이 어두워질수록
서로를 살펴주는 불빛이 되어 주리라.

그러다가 어느 날이 홀연히 오더라도 축복처럼
웨딩드레스처럼 수의를 입게 되리니
같은 날 또는 다른 날이라도 세월이 흐르거든
묻힌 자리에서 더 고운 품종의 지란이
돋아 피어, 맑고 높은 향기로 다시 만나지리라.

웃음은 만병을 치료한다

사람은 누구나 오래 살기를 원한다. 어째서 여자는 남자보다 평균 수명이 긴가. 남자보다 여자가 잘 웃기 때문이다. 한 번 웃으면 에어로빅 5분 한 것과 같은 효과가 있다고 한다. 사람의 얼굴 근육이 650개가 있는데, 한 번 웃을 때 230개가 움직인다고 한다. 미국의 웃음 아버지, '노만 카슨서', 그는 미국 『토요 리뷰Saturday review』 편집인이었다. 그는 어느 날 러시아에 출장 갔다가 돌아오면서 심한 통증을 느꼈다. 병원 진찰 결과, 병명이 '강직성 척추염'이었다. 이 병은 뼈와 뼈 사이의 염증이 시멘트같이 굳어지는 병이다. 이때 그의 나이는 50세, 직장을 그만두려고 책장을 정리하다가 한스 셀리가 쓴, "삶의 스트레스에서 마음의 즐거움은 낭만이다."라는 글귀에 공감을 느껴 이때부터 그는 웃기 시작했다. 50여 년간 굳어 있던 얼굴은 처음엔 잘 펴지지 않았다고 한다. 그래도 그는 계속 웃었다. 일주일을 웃고 나니, 손가락이 펴졌다. 펴진 손가락을 보고 아내와 아이들이 함께 울었다고 한다. 이때 '노만 카슨서'는 가족들에게 울지 마라, 웃어야 병이 낫는다며 그를 달래고 그때부터 온 가족이 함께 웃기 시작했다. 그는 이때부터 웃으면 병이 낫는다고 믿고 웃는 법을 연구하였다. 한 번 웃고 나면 막혔던 혈관이 뚫리고, 탄산가스가 제거되고, 체내의 영양물질이 원활해지고, 노폐물이 제거되어 암 예방과 치료에도 탁월한 효과가 있다는 것을 발견하였다. 그렇게 일주일을 웃고 나니, 감마 임팩트 롤이 200배 증가하여 항암 효과가 있다는 사실을 알게 되었다. 그는 편집장 자리를 그만두고, 하버드 대학 의과 교수를 찾아가 조수로 일하겠다고 자청하였다. 그는 이러한 웃음의 기적을 연구하여 의과 대학을 졸업하지 않고도 의과대학의 교수가 된 유일한 분이다.

불교 설화에 등장하는 사슴 이야기가 있다. 강원도 산골에서 사냥을 하여 생계를 이어가는 강 포수는 어느 날 예전과 다름없이 사냥을 갔다. 며칠 동안 토끼 한 마리도 잡지 못한 강 포수는 오늘은 꼭 무언가를 잡을 것만 같은 기분으로 막 산자락을 돌아가고 있었다. 그때 그의 눈에 어린 사슴 한 마리가 눈에 띄었다. 사슴은 양지바른 곳에 앉아 졸고 있었다. 그는 사슴을 향해 화살을 쐈다. 화살은 사슴의 옆구리에 정통으로 꽂혔다. 강 포수는 급히 달려가 사슴을 잡아 다리를 묶어 어깨에 짊어지고 집으로 돌아왔다. 강 포수는 사슴 새끼를 요리하여 오랜만에 가족들과 포식을 했다. 강 포수는 먹고 남은 사슴 뼈를 모아 뒷산 기슭에 버렸다. 다음 날 강 포수는 다시 사냥에 나섰다. 산기슭을 지나치려는데, 어제 사슴 새끼 뼈를 버린 곳에 큰 사슴 한 마리가 웅크리고 앉아 있는 게 아닌가. 사슴에게 가까이 다가갔는데도, 사슴은 도망갈 생각이 없어 보였다. 손으로 쉽게 사슴을 잡을 수 있었다.

강 포수는 오늘은 참으로 재수가 좋은 날이라고 생각했다. 그렇게 생각하여 사슴을 잡아 들어 올리니, 큰 사슴이 있던 자리 밑에서 어제 버린 새끼 사슴의 뼈가 소복이 쌓여 있었다. 오늘 잡은 큰 사슴은 어제 잡은 새끼 사슴의 어미였으며, 어제 버린 새끼 사슴의 뼈를 어미 사슴이 품고 있었던 것이다. 집으로 돌아온 강 포수는 어미 사슴의 배를 갈랐다. 갈라보니, 내장이 토막토막 끊어져 있었다. 애절哀切이란 말이 있다. 참을 수 없는 마음으로 애를 태우면 창자가 절절히 끊어진다고 했다. 어미 사슴이 얼마나 애절했기에 죽은 새끼 뼈를 안고 슬퍼하고 있었겠는가. 생각이 여기까지 미치자 마음 여린 강 포수는 너무 큰 죄를 지었다며 크게 뉘우쳤다. 그 길로 머리를 깎고 스님이 되었다고 한다. 이와 같이, 웃음은 만병의 치료약이지만, 애절한 슬픔은 창자를 끊어지게 하는 만병의 근원이 된다.

지장보살의 화신으로 이 땅에 오신 김교각 스님

속명 김중경 법명 김교각 스님은 석지장 혹은 김지장으로 불린다. 697년 신라 32대 효소왕 4년 홍광대군 처소에서 신문왕의 둘째 아들 효명 왕자와 부인 엄정 사이에서 태자가 태어났다. 아버지 효명은 아내 임정과 서라벌 북쪽 북악산지금의 경주 금강산 허리에 있는 백륜사의 효암 스님을 찾아 득남 소식을 전하고 이름을 김중경으로 지었다. 효암 스님은 효명의 어릴 적 스승이셨다. 그는 앞으로 이 아이는 세 가지의 이름을 갖게 될 것이라고 하였다. 신라의 역사는 대대로 왕이 권력을 장악했다기보다 왕족들이 권력을 집권해 온 귀족들의 나라였다. 왕족들의 권력싸움에서 많은 귀족들이 목숨을 잃거나 귀향을 가기도 했다. 김중경 역시 왕족들의 권력에 환멸을 느끼고 당나라 유학을 떠나게 된다. 당시 당나라현종는 변방국가와의 화친을 위해 똑똑한 왕족이나 귀족에게 경비, 학비를 부담하면서 교육을 시켰다. 이 중 김중경은 신라의 왕자로 대왕의 적자이자 숙위학생으로 유학을 온 사람이다. 그러나 그는 공부에는 별 관심이 없었고, 당시 내란으로 인해 참혹한 민중의 삶을 지켜보면서 중국대륙을 돌며 만행을 하다가 보천 스님의 제자 법운 스님을 만나게 된다. 법운 스님은 김중경을 보고, 그가 비범한 인재라고 첫눈에 알아보았다. 법운 스님은 김중경을 보천암으로 인도했다. 보천암에는 법운 스님의 스승이신 보천 스님이 계셨다. 보천 스님은 김중경을 첫눈에 알아본 즉시 단번에 머리를 깎고 김교각이라는 법명을 내렸다. 이렇게 하여 김중경이 중국에서 김교각 스님으로 재탄생하게 된 것이다. 법명을 김교각으로 받은 스님은 더 큰 구법승이 되기 위해 지금의 지장불의 본산인 구화산으로 가게 된다. 산세가 아름답고 명승고적이 많아 '동남제일산'으로 불리는, 중국 안휘성의 양자강 남쪽에 위치하며 주봉인 천태봉은 남쪽에 위치하는 산이다. 스님은 구화산 주봉인 천태봉 남쪽 벼랑에서 동굴 하나를 찾았다. 동굴 앞에 수행하기 좋을 만한 크고 넓은 바위가 있었다. 여기에서 교각 스님은 백토를 먹으면서 가난하고 기아에 허덕이는 중생구제를 위한 일념으로 수행만을 해왔다. 수행 중 어느 날 어린아이의 목소리가 들려왔다. 살려달라며 외치는 목소리였다. 앞을 바라보니 건너편 언덕 아래에서 큰 호랑이 한 마리가 어린아이를 막 잡아먹으려 하고 있었다. 바로 그 순간 교각 스님은 갖고 있던 주장자로 땅을 내려쳤다. 그러자 그 소리가 온 구화산을 진동시켰다. 호랑이는 깜짝 놀라 땅바닥에 납작 엎드렸다. 그리고 시작되는 스님의 일갈, "네놈이 전생에 업이 많아 호피를 입고 태어났거늘 어찌 사람을 잡아먹어 악업을 다시 지으려 하느냐."

이렇게 호통치니 슬슬 일어나 숲속으로 사라졌다. 스님은 어린아이를 아이의 집으로 데려갔다. 아이가 아버지에게 산에서 있었던 이야기를 하니 아버지가 연신 감사하다며 인사했다. 아이의 아버지는 민양화閔諒和로 구화산 일대의 큰 지주다. 그 아이의 이름은 도명이다.

도명이는 민양화의 외동아들로 머리가 영특하고 부모에게도 효성이 지극한 아이로 소문나 있었다. 민양화는 스님에게 말했다.

"스님이 원하시는 것이라면 무엇이든 도와드리겠습니다."

스님은 말했다.

"제가 필요한 것은 내가 수행할 수 있는 기도처이며, 내가 입고 있는 가사 자락 펼칠 만큼만 주시면 그곳에서 기도와 불상을 하겠습니다."

"네, 알겠습니다. 저 구화산이 모두가 제 땅인데, 그걸 못하겠습니까."

스님과 민양화는 스님이 기도하는 구화산 동굴 앞 바위까지 함께 갔다. 스님은 바위 위에서 입고 있던 가사를 벗어 휙하고 하늘을 향해 펼쳤다. 그러자 가사 자락이 점점 커지더니 구화산을 모두 덮어버렸다고 한다. 이 광경을 목격한 민양화는 스님의 법력에 깜짝 놀라며 그 자리에서 삼배의 큰절을 올리며 스님의 제자가 되겠다고 자청했다. 민양화는 이 구화산 전체를 스님께 보시하겠다고 하였다. 이후 이들 부자는 지장보살의 좌부처도명존자와 우보처무도귀왕가 되어 지금까지 지장보살의 협신으로 남아 계신다. 스님은 당나라에 올 때 가난한 사람을 구제하기 위해 볍씨와 금지차 씨앗을 가져와 수많은 농민들을 피폐적인 고난에서 구제해주기도 했다. 또 이후 구화산 동굴에서 수행하고 계실 때 스님을 찾아온 제자들과 함께 화성사를 창건하여 중국에서 지장신앙을 전파하였다.

그리하여 구화산은 지금의 중국 4대 불교성지의 하나로 자리 잡게 되었다.

자존심 강한 중국인들이 속국이나 다름없는 신라출신 교각스님을 지장보살의 후신으로 받아들여 지장왕 보살로 부르게 되기까지엔 상상을 초월하는 교각 스님의 수행능력과 법력이 있었을 것이다. 서기 794년 7월 30일 김교각 스님은 제자들을 불러놓고 말했다.

"내가 입적하거든 유해를 석함에 넣어 삼 년 후에 꺼내보라. 만약 그때 내 모습이 썩어 있으면 뼛가루를 새들의 먹이로 뿌리고, 만약 썩지 아니하였거든 금분을 입혀 육신불로 보전하라."

삼 년 후 석함의 뚜껑을 열자 석함에서 향기가 솟아나와 온 구화산에 향기가 가득했다고 한다. 이때가 한밤중인데, 새들이 지저귀고, 화성사 범종이 스스로 울리기 시작했다고 한다. 교각 스님의 육신에 금분을 입혀 이를 등신불 혹은 육신불이라고도 하는데, 중국에서 육신불이 된 최초의 분이 바로 신라 왕자 김교각 스님이며 스님이 개창하신 구화산 지장 도량은 중국 불교의 4대 성지 중의 하나가 된다.

중국에는 불교의 4대 성지가 있다.

첫째는 쓰촨성에 있는 어메이산아미산이다. 어메이산은 보현보살 도량이다. 두 번째는 절강성 푸투오산보타산으로 관음보살 도량이다. 세 번째는 산시성 우타이산오대산이다. 우타이산은 문수보살 도량이다. 그런데 이 세 군데 산의 보살들은 모두 인도 불교에서 모셔온 것이다. 지우화산구화산의 김교각 스님만이 신라에서 건너온 스님이자 지장보살 님의 현신으로 남았다. 지금도 구화산은 산세가 아름답고 명성 고적지가 많아 '동남제일산'으로 불리며 중국 불교의 4대 성지로 유명하다. 794년 99세의 나이로 입적하신 김교각 스님은 2000년이 지난 지금도 이적을 행하고 있다고 하는데, 등신불의 손톱이 계속 자라고 있어 일 년에 한 번씩 그 손톱을 깎아준다고 한다.

김시습(설잠) 이야기

조선조 생육신의 한 사람으로 그는 서울 성균관 부근에서 태어났다. 그는 생후 세 살 때 보리를 맷돌에 가는 것을 소재로 시를 지었다. 다음은 그가 지은 시다.

비는 아니 오는데, 천둥소리가 어디에서 나는가.
누른 구름 조각조각 사방으로 흩어지네

이 소식을 전해 들은 세종이 그를 따로 불러 총애했다. 그 후 김시습은 수양대군이 단종을 몰아내고 왕위에 올랐다는 소식을 듣고 흥분하며 머리를 깎고 중이 되었다. 설잠이라는 법명을 받고 9년간 전국을 만행했다고 한다. 설잠은 전국을 방랑하면서 고찰이나 꼭 가고 싶은 곳에 들러보곤 했다. 이때의 설화 한 토막을 소개하고자 한다. 설잠이 전국을 다니면서 경상남도 하동에 있는 쌍계사를 갔을 때, 마침 변을 보러 해우소화장실에 갔는데, 한쪽 구석에 어떤 여인靈이 쪼그리고 앉아 있었다. 설잠은 여인에게 너는 누구이기에 여기에 있는 것이냐고 물었다. 그 여인, 그러니까 그 귀신은 이렇게 대답했다.

“저는 살아생전에 불자로서 열심히 절에 다니면서 사찰에서 하는 큰 불사나 작은 불사나 전국 어디든 찾아다니면서 적지 않은 돈을 시주했으며 열심히 수행도 했습니다. 내가 죽어서 먹을 것을 찾아 생전에 시주했던 사찰을 찾아다니면서 구걸을 했지만, 가는 곳마다 신장님이 노발대발하며 네 이년, 여기가 어디라고 감히 오느냐며 호통을 쳤습니다. 그래서 여기까지 왔습니다. 이곳 쌍계사는 살아생전에 사찰 불사가 어려운 것을 보고 안타깝게 생각하여 집을 팔아 불사에 도움이 되게 보시를 하여 이곳만은 나를 반겨주고 대접해줄 것이라는 생각이 들었습니다. 배가 고파 신장님들에게 먹을 것 좀 달라고 하였습니다. 그러자 이곳 신장님들은 더욱 화를 내고 노발대발하시며 여기가 어디라고 네년이 왔느냐고 합니다. 네년이 보시한 시줏돈에는 네년의 업장이 두둑두둑 스며들어 있다며 네년의 업장을 떼어내느라 우리가 얼마나 고생했는지 아느냐며 신장 무기를 내리치려고 해 여기까지 도망 와서 오도 가도 못하고 있습니다."

설잠은 여인[영가]을 불쌍히 여겨 주지스님께 말씀드렸다. 그리고 여인의 천도재를 올려주어 여인의 극락왕생을 기원했다고 한다. 불교에서의 진정한 보시는 자신은 우월하고, 상대는 열등하다고 생각하면서 하는 보시가 아니다. 그것은 보시가 아닌 교만적 이상일 뿐이며 물질적인 집착의 관념을 버려야만 진정한 보시가 되는 것이다.

백은선사
(가는 마음도 오는 마음도 없는 부처의 마음)

일본에서 살아있는 부처로 잘 알려진 백은 선사가 있다. 백은 선사의 실화는 많이 알려져 있지만, 그중에서 한 가지 실화를 여기서 소개하려고 한다. 백은 선사가 거주하는 암자의 신도들 중에 홀아비로 사는 처사와 그의 외동딸이 있었다. 그들은 함께 열심히 절에 다녔다.

그러던 어느 날, 과년한 딸아이가 알 수 없는 병이 들어 몸져눕게 되었다. 아버지는 하나밖에 없는 딸을 지금까지 애지중지 키웠다. 식음을 전폐하고 누웠으니 그의 아버지는 백방으로 약을 지어 달여 먹었다. 그러나 병은 차도가 없었다. 하루는 아버님이 약을 달여 딸의 방에 가져가 먹이려고 하는데,

딸이 이렇게 말했다.

"아버님, 저의 병은 약을 먹고 나을 병이 아닙니다. 약을 먹지 않겠습니다. 실은 제가 백은 스님을 너무 좋아하다가 그만 상사병에 들고 말았습니다."

청천벽력 같은 말이었다. 아버지는 기가 찰 일이라고 생각하여 장차 이 일을 어떻게 해야 할지 엄두가 나지 않았다. 스님에게 이런 사실을 말할 수도 없으며 설사 얘기를 한다고 해도 들어줄 수 없는 일이었다. 그렇다고 그냥 두면 딸아이가 죽을 것 같았다. 이러지도 저러지도 못해 고민하다가 결국 한 방편으로 스님에게 공양을 대접하기로 했다. 스님에게 대접할 음식을 정성껏 만들어 놓고 절에 스님을 찾아가 말했다.

"스님, 오늘은 저희 집에 가셔서 공양을 대접하려고 하니 꼭 와 주시면 감사하겠습니다."

스님은 모처럼의 초청이라 거절하지 못하고 처사의 집으로 갔다. 스님은 한 상 가득 차린 공양을 했다. 이때 딸은 방안에서 문구멍을 뚫어 스님의 공양하는 모습을 열심히 바라보고 있었다. '아, 어떻게 저렇게 공양하는 모습마저도 아름다

울까' 하며 감탄사를 연발했다. 얼마 후, 스님은 공양을 마친 후 암자로 돌아갔다. 딸은 스님 덕분에 다시금 안색이 환해졌다. 그 모습을 보고 아버지는 마음이 편해졌다. 그러나 며칠 후, 처사의 딸은 아버지에게 다시 스님을 뵙게 해달라고 하였다. 아버지는 단호하게 거절하며 말했다.

"너는 스님과의 연분은 있을 수도 없고 있어서도 안 된다. 그러니 하루속히 잊어버려라."

그로부터 일 년 후, 딸의 모습이 좀 이상했다. 아버지가 딸의 모습을 자세히 보니 임산부 모습과 비슷했다. 딸을 불러 앉혀놓고, 다그치며 물었다. 딸은 울면서 말했다.

"아버님, 실은 내 배 속의 아기가 스님의 아기입니다."

아버지는 충격 받았다. 하늘이 무너지는 것만 같았다. 아, 내가 그렇게나 존경하던 스님이 어떻게 이런 몹쓸 짓을 했는가, 통탄하며 내 지금 당장 요절을 내야겠다고 말했다. 아버지는 그 길로 몽둥이를 들고 당장 암자로 찾아갔다. 스님은 오늘도 수행 중이었다. 수행 삼매경에 빠져있는 스님을 보고 아버지는 더욱 화가 났다.

“네 이놈, 땡중아! 네놈이 우리 딸을 그렇게 해놓고 양심도 없느냐. 네놈이 수행은 무슨 수행이냐!”

아버지는 몽둥이로 스님의 머리, 어깨, 다리 등 가릴 것 없이 마구 내리쳤다. 네 놈은 죽어야 한다며 고래고래 고함을 쳤다. 스님은 머리가 터지고, 어깨, 허리 등 만신창이가 되어 쓰러졌다. 스님은 누워 쓰러져 꼼짝도 않고, 변명 한마디 하지 않았다. 그렇게 하고도 분이 다 풀리지 않는지 바로 일본의 유명 언론사에 찾아가 말했다.

“우리 국민들은 속고 있습니다. 살아있는 부처로 알고 있는 백은 스님은 가면을 쓰고 있습니다. 우리 딸을 임신시켜 놓고 한마디 사과도 하지 않습니다. 뻔뻔스럽고 철면피 같은 가짜 중놈입니다.”

아버지는 흥분하며 스님의 비행을 신문에 보도하였다. 이 사실을 국민들이 알아야 한다며 호소했다. 다음 날 아침, 조간신문 1면을 채운 기사에 온 국민이 충격을 받았다. 일본은 불교가 국교이기 때문에 국민 90%가 불자이다. 국민 모두의 존경의 대상이었던 백은 선사의 만행에 실망도 그만큼 크다는 실감을 느끼게 한 사건이었다. 그때부터 암자에는 약속이나 한 것처럼 신도들의 발길이 뚝 끊겼다. 그로부터 반년이 지날 무렵, 처사의 딸이 아버지에게 충격적인 고백을 하게 된다.

"아버님, 내 배 속에 있는 아기는 스님의 아기가 아닙니다. 당시의 사정으로 다른 사람의 아이라면 철통같은 아버님 성격으로서는 내가 살아남지 못할 것 같았습니다. 그래서 혹시 아버님이 존경하는 스님의 아기라면 용서해 줄 것 같아서 거짓말을 한 것입니다."

딸은 실토하게 된다. 이 아이의 아버지는 일본 야쿠자 일당의 한 사람으로 폭력에 못 이겨 임신을 하게 되었으니 용서해 달라고 하였다. 이 말을 듣고 그의 아버지는 다시 가슴을 치며 통곡했다. 아무런 잘못이 없는 스님을 그렇게 무자비하게 두들겨 패고, 일본 언론에 보도하여 온 국민을 통분하게 한 그 죄를 이제 어떻게 사죄해야 할 것인지, 정말 가슴 칠 일이 아닐 수 없었다. 하여튼 처사는 암자에 찾아갔다. 스님은 여전히 옛날과 같이 결가부좌를 한 채 수행하고 있었다. 처사는 스님 뒤에 가서 조용한 목소리로 말했다.

"스님, 저의 잘못을 용서받기 위해 왔습니다. 무식한 이 중생의 잘못을 너그러이 용서해 주십시오. 깊이 뉘우치고 있습니다. 부처님의 마음으로 용서해 주십시오."

그는 울면서 호소했다. 그리고는 다시 유명 언론사에 가서 지난번 백은 선사에 대한 기사 내용은 사실과 다르며, 우리 딸아이의 거짓말에 내가 잠시 이성을 잃고 저지른 잘못이라고 사실을 실토하였다.

다음 날 아침, 일본 조간신문에는 백은 선사에 대한 잘못된 기사를 정정하는 보도가 나왔다. 그 보도와 함께 역시 백은 선사야말로 살아있는 부처님이라고 칭송하는 글도 실려 있었다. 하지도 않은 잘못을 신문에 대서특필하고, 온갖 욕설에도 눈 하나 깜짝 않고 변명도 하지 않는 스님의 인품에 다시 한번 온 국민이 존경을 표했다. 이러한 기사가 나간 이후부터 백은 선사가 주석하는 암자에는 불자는 물론 언론인, 정치인까지 구름 떼처럼 몰려오기 시작했다. 그때 신문기자 한 분이 스님에게 물었다.

“스님, 스님은 그동안 누명을 쓰고도 왜 한마디의 변명도 하지 않고 가만히 계셨습니까.”

기자의 질문에 스님이 대답했다.

“나는 지난날이나 지금이나 꼼짝도 하지 않고 가만있습니다. 하지만 중생들이 떠들고 거짓말하고, 또 바로잡고 한 것이지, 나는 한 번도 움직인 바도 없고, 변명하거나 흥분하지도 않은 것이며 그것이 수행자의 마음입니다.”

백은 선사의 인품에 다시 머리가 숙여지는 대목이다.

2장 연꽃 같은 삶

연꽃의 특징

연꽃은 10가지 특징을 갖고 있다. 이 열 가지 특징을 닮게 사는 사람을 연꽃처럼 아름답게 사는 사람이라고 한다.

1. 이제염오離諸染汚

연꽃은 진흙탕에서 자란다. 그러나 진흙에 물들지 않는다. 주변의 부조리와 환경에 물들지 않고 고고하게 자라서 아름답게 꽃피우는 사람을 연꽃같이 사는 사람이라고 한다. 이런 사람을 연꽃의 이제염오離諸染汚의 특성을 닮았다고 한다.

2. 불여악구不與惡俱

연꽃잎 위에는 한 방울의 오물도 머무르지 않는다. 물이 연잎에 닿으면 그대로 굴러떨어질 뿐이다. 물방울이 지나간 자리에 그 어떤 흔적도 남지 않는다. 이와 같아서 악과 거리가 먼 사람, 악이 있는 환경에서도 결코 악에 물들지 않는 사람을 연꽃처럼 사는 사람이라고 한다. 이를 연꽃의 불여악구不與惡俱의 특성을 닮았다고 한다.

3. 계향충만戒香充滿

연꽃이 피면 물속의 시궁창 냄새는 사라지고 향기가 연못에 가득하다. 한 사람의 인간애가 사회를 훈훈하게 만들기도 한다. 이렇게 사는 사람을 연꽃처럼 사는 사람이라고 한다. 고결한 인품은 그윽한 향을 품어서 사회를 정화한다. 인격의 훈훈한 향기는 흐트러짐 없이 근신하며 사는 생활태도에서 나온다.

4. 본체청정本體淸淨

연꽃은 어떤 곳에 있어도 푸르고 맑은 줄기와 잎을 유지한다. 바닥에 오물이 즐비해도 그 오물에 뿌리를 내린 연꽃의 줄기와 잎은 청정함을 잃지 않는다. 이와 같아서 항상 청정한 몸과 마음을 간직한 사람은 연꽃처럼 사는 사람이라고 한다. 이런 사람을 연꽃의 본체청정本體淸淨의 특성을 닮은 사람이라 한다.

5. 면상희이面相喜怡

연꽃의 모양은 둥글고 원만하여 보고 있으면 마음이 절로 온화해지고 즐거워진다. 얼굴이 원만하고 항상 웃음을 머금었으며 말은 부드럽고 인자한 사람은 옆에서 보아도 보는 이의 마음이 화평해진다. 이런 사람을 연꽃처럼 사는 사람이라고 한다. 이런 사람을 연꽃의 면상희이面相喜怡의 특성을 닮은 사람이라고 한다.

6. 유연불삽柔軟不澁

연꽃의 줄기는 부드럽고 유연하다. 그래서 좀처럼 바람이나 충격에 부러지지 않는다. 이와 같이 생활이 유연하고 융통성이 있으면서도 자기를 지키고 사는 사람을 연꽃처럼 사는 사람이라고 한다. 이런 사람을 연꽃의 유연불삽柔軟不澁의 특성을 닮은 사람이라고 한다.

7. 견자개길見者皆吉

연꽃을 꿈에 보면 길하다고 한다. 하물며 연꽃을 보거나 지니고 다니면 좋은 일이 생긴다고 한다. 사람도 마찬가지다. 어떤 분은 꿈에 보아도 그날이 즐거운 사람이 있다. 어떤 분을 만나는 날은 하루가 즐겁고 일이 착착 풀린다는 사람이 있다. 많은 사람에게 길한 일을 주고 사는 사람을 연꽃처럼 사는 사람이라고 한다. 이런 사람을 연꽃의 견자개길見者皆吉의 특성을 닮은 사람이라고 한다.

8. 개부구족開敷具足

연꽃은 피면 필히 열매를 맺는다. 사람도 마찬가지다. 꽃 피운 만큼의 선행은 꼭 그만큼의 결과를 맺는다. 연꽃 열매처럼 좋은 씨앗을 맺는 사람을 연꽃처럼 사는 사람이라고 한다. 이런 사람을 연꽃의 개부구족開敷具足의 특성을 닮은 사람이라 한다.

9. 성숙청정成熟清淨

연꽃은 만개했을 때의 색깔이 곱기로 유명하다. 활짝 핀 연꽃을 보면 마음과 몸이 맑아지고 포근해짐을 느낀다. 사람도 연꽃처럼 활짝 핀 듯한 성숙감을 느낄 수 있는 인품의 소유자가 있다.

10. 생이유상生已有想

연꽃은 날 때부터 다르다. 넓은 잎에 긴 대, 굳이 꽃이 피어야 연꽃인지를 확인하는 것이 아니다. 연꽃은 싹부터 다른 꽃과 구별된다. 장미와 찔레는 꽃이 피어봐야 구별된다. 백합과 나리도 마찬가지다. 상황이 잡초 속의 보리와 콩인 듯 복잡하고 구별할 수 없어서 숙맥일 수밖에 없어지는 경우와 사람 자체가 모자라서 숙맥이 되는 경우가 있다.

혼탁한 사회에서 숙맥을 자처할 수도 있다. 그러나 연꽃은 절대로 숙맥이 되지 않는다. 연꽃은 어느 곳에서 누가 보아도 연꽃임이 구별되기 때문이다. 이와 같이 사람 중에 어느 누가 보아도 존경스럽고 기품 있는 사람이 있다. 그는 어지러운 세상을 피해 은거해도 표가 난다. 그는 스스로를 낮추어 겸양해도 이내 알 수 있다. 옷을 남루하게 입고 있어도 그의 인격은 남루한 옷을 통해 보인다. 이런 사람을 연꽃같이 사는 사람이라고 한다. 이런 사람을 연꽃의 생이유상生已有想적 특성을 닮은 사람이라고 한다.

수련처럼 가련다

(1) 물의 요정 수련

단아하고 아름다움을 지닌 수련은 이른바 잠자는 연이라고도 한다. 연꽃蓮과의 이 수련睡蓮은 한낮에 피었다가 햇살이 약해지면 꽃잎을 닫아버린다. 꽃말은 청순하고 순수한 마음, 결백의 상징이다. 꽃의 색깔은 흰색, 진분홍, 연분홍, 노랑 등 다양하다. 수련꽃을 자세히 살펴보면 꿀벌이 들락거리는 모습을 볼 수 있다. 이집트 국화인 수련은 이집트 그림이나 문양에 많이 등장하고 있어 이집트에서는 아주 귀하고 특별한 꽃임을 알 수 있다.

'워터 님프'는 물의 여신이란 뜻이다. 학명은 Nymphaea tetragona이다. 수련꽃은 피어 있을 때에도 아름답지만, 질 때의 모습은 신비하고 경이로움까지 보여주는 꽃이다.

다른 모든 꽃들은 피어 있을 때는 아름답고 사랑스럽지만 질 때는 꽃잎이 시들어 볼품없이 떨어진다. 하지만, 수련이 질 때에는 꽃잎이 시들기 전에 아무도 모르게 물 밑으로 감추어져 버린다. 마치 자기의 추한 모습을 누가 볼까 봐 수면 위에서 흔적도 없이 숨어버리는 수련. 그대가 피어있을 때에는 보는 이로 하여금 편안하게 즐거움과 기쁨을 주는 수련. 그대는 '진정한 부처님의 화신'입니다.

(2) 죽음

코끼리는 죽음이 가까이 오면 무리에서 홀로 떨어져 나와 밀림 깊숙한 곳에 있는 '코끼리들의 무덤'을 찾아간다. 그곳에는 이미 먼저 죽은 코끼리들의 뼈와 상아들이 산처럼 쌓여 수북하다. 죽음을 맞이할 코끼리는 그곳에서 고요히 몸을 눕

힌다. 장엄한 광경이다. 코끼리는 그렇게 생을 마감한다. 나도 수련처럼, 코끼리처럼 가고 싶다.

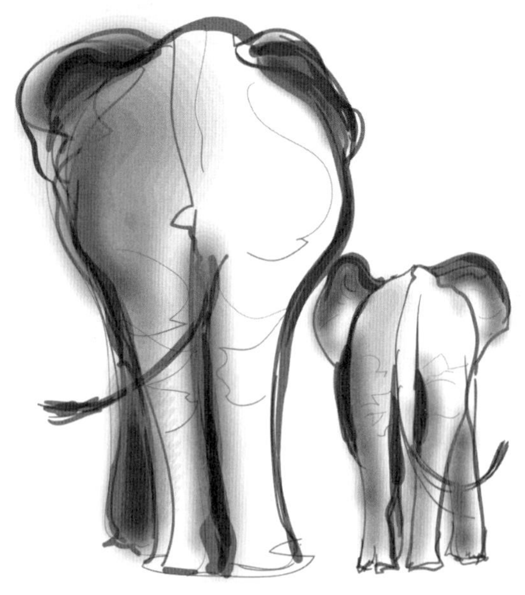

나의 출가 동기

바깥에는 가랑비가 내린다. 초저녁인데도 한 치 앞을 바라볼 수 없이 어둠이 시야를 가로막는다. 그래도 오늘 밤은 마냥 즐거운 날이다. 매년 이맘때면 M구락부의 총회 겸 망년회를 하는 날이다. M구락부는 1970년도 이 지역에서 우수한 젊은 엘리트들이 지역사회 발전과 사회봉사를 위해 모인 친목단체다.

이날만은 회원 모두가 부부동반으로 모이는, 연중 가장 기다려지는 즐거운 날이다. 현직 아나운서 사회로 시작되는 망년회는 노래와 만담, 장기자랑 등 회원 모두가 참석해야 한다. 그렇지 않으면 상당한 벌금을 내야 한다.

우리 부부는 며칠 전 이날을 위해 조명 잘 받는 커플 티셔츠를 구입했다. 부인과 함께 승용차를 몰고 집을 나섰다. 우리는 얼마 전 시내에서 조금 떨어진 공기 좋고 전망 좋은 곳으로 이사를 왔다. 집에서 좁은 길을 벗어나 2차선 국도에서 500미터 지나니 며칠 전에 4차선 도로 확장공사를 한 후 아직 차선도 긋지 않은 넓은 도로가 나왔다. 라이트와 전조등까지 다 밝혔으나 비가 내리는 데다 갓 포장한 새까만 아스팔트 색깔 때문에 한 치 앞을 보지 못할 정도였다.

그래도 나는 오늘 저녁에 펼쳐질 모임의 환상을 그리고 있었다. 이따금 반대편에서 오는 차량의 라이트 불빛에 반사되어 비치는 가랑비는 다이아몬드처럼 빛났으며, 내 마음은 벌써 모임 장소에 도착해 있는 듯한 착각을 갖기에 충분했다.

잠시 후 닥쳐 올 비극의 현실도 깨닫지 못한 채 마음은 마냥 즐겁기만 했다. 황홀했던 환상도 잠깐, 시커먼 물체가 차량 앞으로 들어오면서 차 앞 범퍼에 탁 하며 둔탁한 소리가 났다. 내가 급브레이크를 밟는 순간 끼이익 하며 승용차는 5~6미터를 미끄러진 후에야 정차하였다. 순간 큰일났구나 싶었다. 차에 부딪힌 물체는 분명 사람이었다. 나는 직감적으로 그렇게 느꼈다. 그렇게 크게 치였다면 사망 아니면 중상이다 하는 생각에 핸들을 잡은 채로 멍하니 엎드려 있었다. 그러자 바깥에서 사람들의 다급한 외침이 들려왔다. "여보시오, 빨리 병원으로 가지 않고 뭣하고 있는거요!"하는 고함 소리에 정신이 들어 옆을 보니 부인도 정신을 잃고 엎드려 있었다.

바깥에서 소리친 사람은 영업용 택시 기사였다. 그분의 도움으로 영업용 택시에 환자와 함께 삼성병원 응급실로 갔다. 병원에서 그분의 얼굴을 보니 70세가 훨씬 넘어 보이는 노인이었다. 입에서는 술 냄새가 코를 찔렀다. 나는 당직의사에게 선생님 이분을 꼭 살려주십시오 하고, 애절한 목소리로 애원했으나 의사는 말없이 고개를 저으며 최선을 다하겠지만 힘들 것 같다는 말만 남기고 수술실로 들어갔다.

그분은 응급조치만 한 후 중환자실로 옮겨졌다. 나는 다시 한번 울먹이는 목소리로 선생님 이분을 꼭 살려주세요. 이분 돌아가시면 나는 살인자가 됩니다. 의료비가 얼마나 되던지

우리나라 최고의 의사선생님을 초빙해서라도 이분을 꼭 살려달라고 애원했다. 순간 부처님 생각이 났다. 부처님 저는 두렵습니다. 저분을 꼭 살려주세요. 어릴 적 불심이 지극한 어머님 손잡고 무학산 오솔길 따라 절에 갔던 생각과 장년이 되어 누님과 함께 크고 작은 불사에 가기도 했는데 언젠가 운문사 사리암의 관세음보살 점안식에 갔던 일들이 생각나 관세음보살을 계속 정근하며 불며 저분을 살려달라고 울부짖었다. 관세음보살님의 영험으로 꼭 살려달라고 처절한 심정으로 애원했다.

몇 시간이 지났을까, 가족들과 친척들이 연락을 받고 몰려왔다. 환자가 살아나기 힘들겠다는 의사의 말을 듣는 순간, 모두 나에게 몰려와 “내 아버님을 살려내라 아버님이 죽으면 네놈도 죽어야 한다.”라고 외쳤다. 그들은 이성을 거의 잃고 있었다. 나는 그때, ‘아 이제는 내 인생도 여기서 모두 끝나는구나.’하는 생각으로 내 육신을 그들에게 맡겼다. 내가 죽고 그분이 살 수만 있다면 기꺼이 죽을 수 있다는 생각으로 하염없이 울었다. 계속 울다가 나는 결국 정신을 잃고 말았다.

얼마 후 정신을 차려 보니 병실 침대에 누워있었다. 옆을 보니 간호사가 먼저 보였다. 나는 먼저 간호사에게 그분은 어떻게 되었느냐고 울먹이며 물어보았으나 간호사는 아무 대답이 없다. 간호사 뒤로 보니 환자 가족들 여럿이 내 모습을 불쌍한 듯 바라보고 있었는데 전과 같이 살벌한 분위기는 아니었다.

얼마 후 정신을 차리고 다시 대기실로 와서 의자에 앉아 하염없이 흐르는 눈물을 닦을 생각도 않고 쭈그리고 앉은 채로 울다가 잠이 들고 울다가 잠이 들고를 반복하며 며칠이 지났는지 모른다. 이러한 내 모습이 처량하고 불쌍했는지 누군가가 내 옆에 물과 김밥을 두고 가기도 하고 어떤 이는 내 옆에 살며시 다가와 "죽는 것도 천명인데 앞길이 구만리 같은 젊은이가 이러면 어떡하나 이제 먹을 것이나 챙겨 먹고 산 사람은 살아야 할 게 아닌가"하며 위로해 주는 이도 있었다.

그리고 그분은 생과 사의 갈림길에서 일주일이 지나도 깨어나질 못했다. 평소 파리 한 마리도 죽이지 못하던 마음 여린 나였는데, 그분을 생각하니 가슴이 미어졌다. 환자도 먹지 못하는데 내가 어떻게 음식을 먹겠는가 하며 입이 마르고 목이 마르면 생수만으로 물 한 모금을 축이면서 오직 환자의 소생만을 기다렸다.

사고 난 지 8일째, 그 노인은 숨을 거두고 시신은 영안실로 옮겨졌다. 장례식을 모두 마치고 출상하는 모습을 멀리서 바라본 후 쓸쓸히 집으로 돌아왔다. 며칠 후 피해자 가족들이 원하는 대로 합의금을 지불하였다. 법적인 절차에 따라 과실치사로 가벼운 처벌을 받았지만 여전히 마음은 괴로웠다. 부모를 잃은 자식들과 친척들의 슬픔을 생각할 때마다 가슴이 저려오는 듯하였다. 법은 나를 용서했지만 내가 나 자신을 용서할 수가 없어 고민 끝에 고인의 명복을 빌며 나 자신의 속죄를 위해 참회의 길을 선택하기로 했다. 남이 부러워한 화려한 직장에는 미련 없이 사표를 제출했다. 그 후로 며칠을 쉬었다. 가족은 물론 친척과 주위에서 나에게 은혜를 베풀어 준 주위 사람들에게 일일이 감사의 인사말을 전하고 가족회의를 가졌다. 부인과 아들 둘, 딸 하나를 모아놓고 가장으로서 너무 미안하게 되었구나 너희들도 알다시피 지금 상태로서는 도저히 더 이상 사회생활을 할 수 없으니 너희들이 힘들겠지만 어머님 모시고 어머님 말씀 잘 듣고 어머님 속 썩이지 말고 잘 있어야 한다. 그리고 내가 너무 많은 금전적인 지출을 하여 생활에 다소 어려움이 있을 테니 힘들겠지만 너희들이 아르바이트를 해서라도 공부는 꼭 계속해야 하며 그래야 아빠도 마음 편하게 떠날 수가 있단다. 아빠는 몇 년이 걸리든 마음의 안정이 필요하다고 하니 아이들은 모두가 "아빠 염려하지 마세요. 이젠 우리도 어린애들이 아니잖아요. 아빠 편하신 대로 하세요."라고 했다. 그리고 부인에게도 "큰 짐만 맡기는 것 같아 정말 미안하구려 마음이 안정되면 다시 돌아오리다."하며 필요한 것과 옷 몇 가지만 챙겨 눈물을 글썽이는 가족들을 뒤로한 채 배낭 하나 걸머지고 집을 나섰다.

제일 먼저 생각난 곳이 운문사 사리암이었다. 경상북도 청도 운문사 말사 사리암은 당시만 해도 조그만 암자로 법당에는 관세음보살을, 야외는 나반존자를 모시고 대중처소와 객승과 처사들이 함께 묵는 2평 남짓한 방 하나, 공양간을 천막으로 만들어 간이 식탁으로 만든 것이 전부였다.

사리암은 나와 특별한 인연이 있는 암자였다. 우리 집안은 윗대부터 불교 집안으로 나는 어릴 때부터 어머님 손잡고 암자를 찾아가곤 했는데 가족 중 누님도 독실한 불교 신자로서 이따금 큰 불사가 있는 사찰에 갈 때는 같이 가자고 연락이 온다.

1980년도경으로 생각된다. 누님이 운문사 사리암에 불사가 있는데 같이 가자며 연락이 왔다. 그때 누님과 함께 사리암에 관세음보살 개금불사에 참석한 적이 있었다.

그때 사리암 관세음보살 점안식에서 팥 6알을 주워왔는데 마침 친구 형님이 이사 간 집에서 음식을 잘못 먹고 객고병에 걸려 부산대학 병원에서 죽음만을 기다리고 있다가 내가 가져온 팥 3알을 먹은 뒤 많은 피를 토한 후 서서히 기력을 되찾은 적이 있었다. 그렇기에 더욱 사리암을 잊을 수가 없다.

사리암을 가기 위해서는 먼저 운문사를 지나가야 하는데 운문사부터 참배하고 계곡을 따라가면 사리암 입구 주차장이 나온다. 거기서부터는 경사가 심한 산 비탈길을 두 시간

여를 올라가야 사리암에 도착할 수가 있다. 산길을 가면서 우연히 어떤 비구니 스님과 동행하게 되어 이런 얘기 저런 얘기 끝에 스님은 사리암에 계시냐고 물으니 자신은 운문사 비구니로 강원에서 공부하는 학승이라고 했다. 그럼 왜 사리암에 가느냐고 물으니 며칠 전 학교에서 휴가를 받아 속가에 다녀왔단다. 집이 남해라 새벽에 출발해 아침도 못 먹고 왔는데 지금 시간엔 운문사에서는 점심공양을 얻어먹을 수가 없고 오후 1시가 넘으면 저녁까지 기다려야 하기 때문에 시간이 걸려서라도 사리암에 가면 전국에서 멀리 기도하러 오는 신도가 많아 24시간 공양을 할 수 있기 때문에 거기 간다는 것이다. 그러면서 스님은 운문사와 사리암에 대한 이야기를 하였다. 운문사는 전국 사찰에서 가장 먼저 500나한을 모신 곳으로, 처음 500나한을 정각 짓고 500나한을 모시기 위해 500좌석을 만들어 한 분 한 분 차례대로 모시는데 마지막 한 분의 자리가 모자랐던 것이다. 분명히 500좌석을 만들었는데 하는 수 없이 마지막 한 분을 사리암에 모시게 되었는데 그분이 나반존자라고 하였다. 나반존자는 독수성獨修聖이라고 하는데 이는 홀로 깨친 성인으로 수행의 욕심이 많고 홀로 있는 것을 좋아하시는 분이라 독각獨覺, 또는 연각緣覺이라 불리기도 한다.

그렇게 모신 나반존자의 기도 영험이 소문이 나 사리암에는 전국에서 불자들이 모여들어 공휴일이나 연휴에는 발 딛을 틈도 없을 정도다. 사리암에는 큰 바위가 있는데 옛날에는 이 바위에 구멍이 있었고, 거기에서 쌀이 나왔다고 한다. 한 사람이 가면 1인분, 두 사람이 가면 2인분의 쌀이 나왔다고 하는데 쌀을 더 얻기 위해 바위구멍을 쑤신 뒤로는 더 이상 쌀이 나오지 않았다고 한다.

스님의 이야기가 거의 끝날 무렵 사리암까지 오게 되었다. 스님과 함께 공양간에서 공양을 한 후 스님은 운문사로 내려가시고 나는 기도접수처에 이름을 올린 후 2평 남짓한 객실에 여장을 풀었다. 그때만 해도 객실에는 객승과 처사들이 함께 침실을 사용했다. 운문사에 찾아온 모든 분들은 한결같이 남편 승진, 자식 진학 문제, 출세, 사업 성취, 고시합격을 바라는 기도를 하지만, 나는 오로지 "나는 죄인입니다. 사람을 죽였습니다."하며 돌아가신 분의 극락왕생과 나의 속죄를 위한 기도만 밤낮으로 했다. 일주일이 지나면 다시 기도 연장 신청을 올리고 하여 3주간을 기도했다. 어느 정도 마음은 안정되었지만 사리암에는 전국에서 찾아오는 불자들이 너무 많아 오래 머물 수가 없어 조용한 곳에서 기도를 하고 싶었다. 마지막 하루는 기도를 하지 않고 한나절 동안 앞으로 진로에 대한 고민을 하였다. 그러나 아무리 고민을 해도 뚜렷한 대책이 서지 않는다. 일단 하산하여 정처 없이 길을 갔다. 목적지도 없이 그냥 버스에 몸을 싣는다. 창밖을 바라보니 강둑이 보이고 넓은 들판에는 소들이 한가로이 풀을 뜯고 있다. 나는 지금 어디로 가고 있는가, 목적지는 있는가. 다시 멍하니 하늘을 바라본다. 나도 모르게 눈물이 두 볼을 적신다. 하염없이….

손님 버스 종점입니다. 내리셔야 합니다. 정신을 차리니 기사가 말한다. 버스 안에는 다른 손님은 모두 내리고 나만 혼자 있었다. 네 하고 버스에서 내리니 막상 어느 방향으로 가야 하는지도 모르는 채 정신 나간 사람처럼 그냥 앞만 보고 걸어갔다. 길을 가다 지치면 쉬어가고 다시 길을 걷는다. 남의 집 헛간에서도 몸을 뉜다. 사람이 죽을 지경에 이르면 대부분 상실감과 허탈감, 그리고 깊은 슬픔에 잠기기 마련이다. 그러나 그런 슬픔 속에서도 오히려 새로운 자각을 얻게 된다는 말이 생각난다. 함석헌의『뜻으로 본 한국 역사』에서 고난의 선물이 생각난다. 고난은 죄를 씻어준다. 고난은 인생을 씻어 깨끗하게 한다. 고난은 인생을 깊게 만든다. 이마 위에 깊은 주름살이 갈 때 마음속에 깊은 지혜가 생기고 살을 뚫는 상처가 깊을 때 영혼에서 솟아오르는 향기가 높다. 평면적, 세속적 인생관을 가진 사람은 고난의 잔을 마셔보지 못했기 때문이다. 고난은 인생을 위대하게 만든다. 고난을 견디어냄으로써 생명은 한 단계씩 진화한다. 핍박을 받음으로써 오히려 상대방을 포용하는 관대함이 생기고 형벌을 견딤으로써 자유와 고귀함을 얻을 수 있다. 개인에게나 민족에게나 위대한 성격을 고난의 선물이라고 했다. 나는 정신을 다시 차리고 앞으로 닥쳐올 새로운 삶의 길을 찾기로 했다.

그때 생각나는 분이 계셨다. 내가 평소 어렵고 힘들 때 가끔 찾아뵙는 용운 스님을 만나보기로 했다. 용운 스님은 지난날 성주사에서 종무 일을 보살피며 지내셨고, 1960년도에 진해에서 야간 중학교를 설립하기도 한 분으로 한때 건강이 안 좋아 죽음 직전에 불모산에서 식음을 전폐하고 100일 기도를 올린 후 성불 받은 분으로 배우지도 않은 빨리어불교의 성전어를 유창하게 하시며 우리나라에서 보기 드문 불모대 준제보살의 탱화를 손수 그리기도 하셨다. 스님이 성주사에 계실 때 일화 한 토막이 있다.

어느 날 신도 한 분이 종무소에 찾아와 가족들이 밤마다 무서운 꿈자리에 시달리고 무서운 환상으로 고통받고 있다며 호소해왔다. 스님은 조용히 생각에 잠긴 후 보살님 집 방구들 밑에 사람의 시신이 누워있으니 어찌 집안이 편할 수 있겠느냐고 말씀했다. 그 신도는 깜짝 놀라면서 스님 무슨 그런 말씀을 하시냐며 화를 내면서 돌아갔다. 일주일쯤 지났을 무렵 그 신도가 남편과 다시 찾아와서 도저히 불안해서 견딜 수 없다고 말하며 어떻게 방구들 밑에 사람의 시신이 누워 있으며 그럼 어떻게 해야 하며 해결 방법은 없는지를 물었다. 스님은 말했다. 보살님이 사는 그 집은 옛날 묘터였다. 세월이 흘러 봉분이 내려앉아 묘터인 줄 모르고 그 위에 집을 지었기 때문에 시신 위에서 나무로 매일 군불을 지피니 어찌 시신이 편하겠느냐며 그러니 구들을 파서 시신을 수습하여 천도재를 올린 후 화장을 해 양지바른 곳에 뿌리면 뒤탈이 없을 것이라고 했다. 스님 말씀대로 집으로 돌아온 보살은 사람을 시켜 구들을 파보니 2m 정도 내려가니 사람의 뼈가 나왔다. 뼈를 추려서 화장을 한 후 절에 모셔 영가를 천도해 주었는데 그 이후에는 아무 일 없이 잘 지내고 남편의 하는 일도 잘 풀려나갔다고 했다. 그 이후로 소문에 소문을 듣고 신도들은 물론 불자가 아닌 사람까지 몰려와 도저히 종무소에서 더 이상 근무할 수가 없어 절을 떠나 사가에서 생활하며 지금은 이따금 전국의 명산을 찾아 산 기도만 하시는 분이다.

내가 용문 스님을 만나기 위해 찾아갔을 때 스님은 마침 경북 청량산에 기도를 가기 위해 준비 중이셨다. 갑작스레 찾아온 내 모습을 보고 스님은 다소 의외라는 표정이었다.

그럴 수밖에 없는 것이 내 모습이 예전 같지 않아서였다. 언제나 깔끔한 내 모습만 봐 왔기에 오랫동안 제대로 먹지도 못하고 고행 끝에 찾아온 모습이 불쌍하기도 하고 처량하기도 했을 것이다. 먼저 스님께 삼배를 올린 후 지금까지의 지나온 이야기를 했다. 조용히 나의 이야기를 다 듣고 난 후 스님은 지금 자네가 죄의식에서 무척 고통스럽겠지만 무슨 말로든 위로를 해줄 수가 없으니 당분간 심신안정을 위해 내가 다니는 청량산에 함께 산 기도를 떠나자고 하셨다. 산기도에 필요한 물품만 챙겨 기도를 떠났다. 시외버스를 4번이나 갈아타고 6시간이 넘어서야 청량산에 도착했다.

청량산은 태백산맥太白山脈 중앙부에 자리한 경북 봉화군 명호면에 들어있으며 수성암水成岩으로 된 봉우리가 36개나 된다고 한다. 그중 연화봉蓮花峯 기슭에 청량사淸凉寺가 있다. 외곽에는 낙동강 상류의 맑은 물을 띠로 두르고 있고 아름다운 바위 봉우리와 천애의 기암절벽이 어울려 한 폭의 그림처럼 아담하고 수려하다. 예부터 소금강小金剛이라고도 불렸으며 명현고승名賢高僧들의 발자취가 봉우리마다 아니 미친 곳이 없다고 한다. 스님은 벌써부터 청량산이 명산이란 것을 혜안으로 익히 알고 계셨던 것이다. 스님은 청량산에서 기도 중 불모대준제보살칠십 억 불의 불모佛母을 친견하셨다고 한다. 친견 당시의 모습을 탱화로 만들어 보관하고 계신다며 이곳을 특별한 기도처라고 말씀하셨다. 우선 청량산 기슭에 빈집이 2채가 있는데 하나는 양봉하는 노인이 숙식하는 곳이고 하나는 비어있는데 스님은 기도 올 때 여장을 풀고 기도를 하신 곳이다. 빈집을 깨끗이 청소하고 나무를 해와 군불 때고 하니 저녁이 되었다. 저녁공양을 하고 스님은 나에게 기도법을 알려주셨다. 어깨 힘을 빼고 단전에 온몸의 기를 모으고 이마부처님의 백호 자리에 관세음보살의 상호를 모시고 관음정근을 하되 기도는 죽기 살기로 해야 한다고 하셨다. 기도는 저녁 9시부터 새벽 4시까지 철야정신하고 낮에는 오전 3시간, 오후 3시간은 참회진언을 계속하였다.

기도를 시작하고 처음 10일간은 정말 힘든 기간이었다. 몇 시간은 지난 것 같은데 시간을 보니 겨우 10분이 지났을 뿐이다. 기도 중 심한 잡념에 시달리고 지금까지 살아온 과정,

가족들 생각, 앞으로 무엇을 어떻게 해야 할 것인지 온갖 생각들이 머리를 스쳐 지나가 기도가 되는 것인지 안 되는 것인지 심한 공포와 불안감으로 하룻밤 기도가 한 달도 더 되는 것 같기도 하고 어느 때는 뒤쪽에서 큰 나무가 똑똑 하고 부러지는 소리 큰 발자취 소리로 쿵쿵 하는 땅의 진동소리가 들리다가 소름이 끼치도록 무서운 마음이 계속되다 다시 슬픈 생각으로 눈물이 쏟아지기도 하고 온 세상이 죽은 듯이 고요한 적막세계로 빠져들고 시간이 언제 지나간 줄도 모를 정도로 빨리 갈 때도 있었다. 이와 같은 현상이 계속되다가 언제부터인가 차츰 기도가 안정이 되기 시작하여 그때부터는 기도 시간이 즐겁고 환희심이 생기기 시작했다.

고요한 밤 관음정근을 하면 기도가 절정에 이르고 내 소리가 실제 음성의 몇 배나 더 크게 온 산으로 울려 퍼졌다가 다시 메아리가 되어 나에게로 돌아왔다.

이렇게 기도하는 내 모습을 보신 스님은 이제는 홀로 산기도를 해도 되겠다고 생각하셨는지 나는 오늘 하산할 테니 혼자서 열심히 기도하라고 하셨다. 스님을 모시고 버스 정류장까지 배웅하고 돌아와서 다시 기도를 했다. 그동안은 스님이 옆에 계셨기에 의지하는 마음으로 편하게 기도했는데 혼자서 기도를 하니 허전하고 두렵기도 하였다. 하룻밤을 혼자서 기도한 후 다음날에는 청량사에 가고 싶었다. 아래 도로까지 내려와 얼마를 가니 청량사 입구가 나왔다. 입구에서 오르막길을 따라 한참 올라가니 신라 명필 김생이 글씨를 연마했다는 김생굴이 나온다. 굴 앞에서 잠시 옛 생각을 한 후 다시 얼마를 가니 청량사가 나온다. 먼저 법당에서 참배를 올린 후 다시 청량사 위로 올라갔다. 양쪽으로 큰 바위봉 두 개가 보인다.

스님과 처음 청량산에 입산할 때 스님은 이 바위봉을 바라보시며 내가 이름 지은 촛대바위라고 하시면서 자네가 이 산에서 죽기 살기로 기도하여 저 촛대바위에 불을 붙일 수만 있다면 성불할 수 있다고 하셨다. 바로 그 촛대바위 정상까지 왔다. 주위에 문수봉, 반야봉, 보살봉, 의성봉, 금탑봉, 연화봉 등 아름다운 암봉岩峯들이 빙 둘러쳐진 양지바른 골짜기 위에 남향南向한 청량사淸凉寺가 있다. 신라 문무대왕文武大王

3년 원효대사가 개기開基하였다고 한다. 청량사를 뒤로하고 내려와 기도처로 돌아왔다.

지금까지는 스님과 함께이기에 편한 곳에서 기도했지만 이제부터는 더 위쪽으로 올라가 기도를 하고 싶었다. 산 위로 한참을 올라가 팔부능선까지 가니 병풍 같은 큰 바위가 있다. 바위 아랫부분에 혼자서 기도하기에 좋은 자리가 있었다. 자리에 앉아 보니 양쪽으로는 능선이 포근히 감싸고 앉은 자리도 마치 암탉이 알을 품은 자리같이 포근하고 좋았다. 그때부터 그곳에서 밤낮을 가리지 않고 나름대로 열심히 기도했다.

물을 마시고 생리적 현상을 해결할 때 외에는 날짜나 시간 가는 줄 모른 채 몇 달이 됐는지도 모르고 정진했다. 그러다 반가부좌한 오른쪽 발목에 튀어나온 복숭아뼈 부분이 아리고 아프기 시작하더니 나중엔 통증이 너무 심해 아픈 부위를 보니 피가 엉켜있었다. 떼려고 하니 떨어지지 않아 물로 부어 한참 비벼서 겨우 떼어내니 살점이 함께 떨어져 나왔다.

그래도 손수건을 감고 계속 기도만 했다. 나중엔 상처에 고름이 생기고 아픈 부위가 너무 커져 도저히 통증으로 기도를 할 수 없는 지경이 되었다. 하는 수 없이 짐을 챙겨 절뚝거리며 산을 내려왔다. 일단 집으로 돌아오니 가족들은 나의 몰골을 보고 깜짝 놀라며 나를 붙들고 울었다. 부인은 이제 아무 데도 가지 말고 집에만 계시면 생활은 제가 무슨 짓을 해서라도 꾸려 갈 테니 같이 있자고 했다. 집으로 돌아온 후 병원에서 상처 난 곳을 치료하고 2주가 지나니 어느 정도 상처가 아물고 몸도 차츰 회복되었다. 내 생각은 변함이 없다. 누가 뭐라 해도 나는 다시 참회의 길로 가야만 했다. 내가 다시 떠나겠다면 절대 허락해 주지 않을 것이라 생각되어 편지 한 장만 남기고 며칠 전부터 준비해 둔 미숫가루와 소형 텐트 하나만 가지고 그동안 생각해 둔 지리산으로 출발했다.

버스를 타고 지리산 증산리에서 하차하여 계곡길을 따라 한참 가면 범천폭포가 있고 다시 한참을 가면 유암폭포가 있다. 거기에서 적당한 곳에 여장을 풀고 폭포수 앞에 넓적하고 큰 바위가 있는데 그곳에서 기도하기로 하였다.

거기는 다른 곳보다 일찍 해가 저문다. 어둠이 들기 전에 바위 위로 올라가 반가부좌를 틀고 기도를 하기 시작했다. 요란한 폭포수 소리에 다른 소리는 아무것도 들리지 않는다. 날이 샐 때까지 철야정신을 하는데 일주일쯤이 지났을 때쯤 그렇게 요란하게 들리던 폭포수 소리가 어느새 조용한 목탁 소리로 들리기 시작했다. 새벽이 되어서야 다시 물소리가 들리기를 반복했다. 여기에서 잡념을 이겨내는 힘겨운 수행을 체험하게 되었으며, 이때의 정신집중력이 지금까지도 수행에 큰 도움이 되고 있다.

폭포수에서 얼마간의 기도를 한 후 다시 계곡을 따라 올라가다가 우측 능선을 따라 천왕봉 7부 능선까지 올라가니 누군가 움막을 지은 자리가 나왔다. 거기에는 나무만 구해 군불을 넣으면 되게끔 구름을 만들어 놓아 겨울나기도 좋을 것 같다.

주위에서 나뭇가지를 구해 움막을 만들기 시작하여 다음 날에야 움막이 완성되었다. 보강공사는 차츰 하기로 하고 안에 들어가 보니 천막보다 훨씬 훈기가 나고 좋았다. 여기에서 준비한 미숫가루를 아침저녁 한 숟갈씩 먹으면서 허기를 참고 세상을 등진 사람처럼 열심히 기도만 하였다.

나중엔 밤낮을 모르면서 기도만 하던 중 어느 날 밤에 옆에서 부스럭부스럭 하는 소리에 눈을 떠 자세히 보니 앞뒤양 옆으로 염소가 수백 마리 정도 가만히 엎드려 내 기도소리를 듣고 있었다. 참 이상하다고 생각하며 다시 기도를 하고 날이 새고 다시 눈을 떠 보니 염소 떼는 간 곳이 없었다. 아마 그 염소들은 지리산에서 방목을 하는 염소들이었을 텐데 왜 내 주위에 엎드려 몇 시간을 있었는지 지금까지 수수께끼로 남는다. 시간과 날짜가 얼마나 지났는지도 모르는 채 기도를 하다 보니 준비한 공양물미숫가루은 이미 바닥이 났다.

기도를 하다 너무 허기가 지면 칡뿌리나 약초를 캐어 먹으면서도 기도만은 열심히 하였다. 그러던 어느 날 밤 비몽사몽간에 내 앞에 거대한 공동묘지가 펼쳐지더니 차츰 시간이 지나며 그 많은 묘의 봉분이 빡빡 깎은 스님들의 머리로 변했다. 이상한 생각이 들면서도 계속 기도만 하였다. 기도를 마친 후 조용히 생각했다. 어젯밤 기도 중에 일어난 현상을 생각하니 머리에 스쳐가는 것이 있었다. 그 많은 봉분은 스님들의 머리요 그 많은 스님과 함께 있다는 것은 내가 승려가 된다는 뜻이다. 그때 나는 '아, 나는 결국 스님이 되어야 할 몸인가 보다'하였다. 이때 문득 생각나는 분이 계셨다. 효봉 스님….

효봉 스님은 조선인 최초로 사법고시에 합격하여 판사가 되어 함흥지방법원에 근무하다가 법관생활 10년이 되던 해 재판과정에서 무고한 사람을 유죄로 잘못 판단하여 형장의 이슬로 보낸 죄책감으로 법복을 벗고 법원을 떠나 엿장수가 되었다. 전국을 떠돌아다니다가 38세에 금강산 신계사 조실 석두임 보택으로부터 머리를 깎고 중이 되었다고 한다. 거기까지 생각이 미치자 바로 짐을 챙겨 하산하여 용운 스님께 찾아갔다. "스님, 저 출가하겠습니다"하고 말씀드리니 "자네가 출가하기를 그렇게 꺼려 하더니 이제야 기도의 영험으로 승려의 길을 선택했구나."하고 말씀하시며, "자네는 가족도 있으니 옛날 종단분규 전 함께 승려 생활한 태고중 원로 스님에게 소개할 테니 출가하시게."라고 하셨다. 이렇게 하여 나는 기나긴 고행 끝에 드디어 승려가 되었다.

기도와 수행도 건강이 따라야

앞에서 내가 출가한 동기에 대해 말씀드린 바 있다. 나로 인해 무고한 생명을 떠나보낸 죄책감 때문에 나는 육식을 삼갔다. 생선은 물론 멸치 한 마리도 먹지 않으면서 오로지 참회하는 마음으로 수행만 열심히 해 왔다. 그렇게 하는 것이 그분에 대한 일만 분의 일이라도 보답하는 길이라 생각했었다. 출가 후 종무행정과 교도소교화법사 경찰서 경승, 창원불교연합회 등 봉사활동도 게을리하지 않고 열심히 하였다.

봉사활동을 하면서 스님들의 모임이나 크고 작은 행사가 끝나면 뒤풀이 회식이 있지만, 고기나 곡차를 먹거나 마시지 않는 나는 언제나 모임의 뒤편에 있었다. 다른 스님들과도 자연스레 섞이질 못했다. 식당에 가면 나를 아는 스님은 주방 아줌마에게 멸치도 없이 된장과 두부만 넣어 찌개를 주문해 주어 먹기도 했다. 그리고 어떤 스님은 자기 앞 채소 반찬을 내 앞으로 밀어주곤 하였다. 그렇게 배려해 주는 것이 다른 스님들에게 부담스럽고, 미안하기만 했다. 그런 세월이 20여 년이 되어갈 무렵, 건강하던 내 몸에 차츰 이상신호가 오기 시작했다. 평소 기도할 때는 반가부좌로 4-5시간은 한자리에서 무리 없이 기도했는데 차츰 다리와 무릎에 통증이 오기 시작하여 2, 3시간만 지나도 아프더니 나중엔 점차 걷기도 힘들어졌다. 법회시나 불공 중 몸을 뒤척이는 내 모습을 보고 안타까웠던지, 신도 한 분이 내게 다가와 이렇게 말하였다. 아무래도 자기가 보기엔 다리 통증이 심한 것 같으니 병원에 가보시는 게 좋겠다고, 자신이 다니는 병원에 잘 아는 의사선생님이 계시니 같이 가 보자고 하였다. 처음에는 거절했지만, 신도의 간절한 성의에 마지못해 함께 병원에 갔다.

의사는 여러 검진을 한 후, 골다공증 정도가 심각한 상태라고 했다. 약을 처방해주겠지만, 생선뼈 같은 칼슘 성분이 많은 음식을 섭취해야 한다고 말했다. 골다공증의 개선을 위해 무엇보다도 식습관을 바꿔야 한다고, 그런 말을 하며 꾸준한 생활습관과 운동은 물론 멸치나 칼슘 성분이 많은 생선류 뼈를 많이 섭취해야 한다고 했다. 특히 골다공증은 고기를 먹지 않은 스님에게 많이 발생하는 질병이라며 약과 칼슘이 많은 생선류 뼈를 많이 섭취해야 한다고 했다. 만약 그렇지 않고 계속 방치하면 나중에 다리를 쓰지 못할 경우도 생긴다고 하였다. 알겠다며 병원을 나와 생각했다. 내가 다리 병신이 된다고 해도 생선 고기는 먹지 않겠다고 말이다. 이런 나의 생각은 완고했다. 그로부터 얼마간의 시일이 지난 후, 몸의 상태는 갈수록 심해져 아침저녁 예불은 물론 정기법회마저 도저히 볼 수 없을 정도가 되었다. 하루는 신도 몇 분이 환으로 지은 한약을 페트병 2병으로 가져와 내게 말했다. 이 약은 특별 조제한 한약이니 꼭 챙겨 드시고, 빨리 회복하길 바란다고 말이다.

그때는 몸 상태가 너무 좋지 않아 이것저것 가릴 것 없이 하루 3번씩 열심히 챙겨 먹었다. 약을 먹은 지 채 10일도 안 되어 몰라보게끔 증세가 완화되고 좋아지더니 30일 정도 되었을 때는 멀쩡하게 나은 것 같았다. 너무 신기해서 약 지어준 신도를 불러 대체 그 약재는 무엇으로 지었기에 그렇게 신통할 정도로 좋은 것이냐고 물었다. 그러자 신도들이 이렇게 대답했다.

"죄송합니다, 저희들이 불경죄를 지었습니다. 실은 의사선생님이 스님께서 칼슘 성분을 섭취하지 않을 경우 심각한 불구현상이 일어날 수도 있다고 하여 저희들이 스님 몰래 멸치가루와 생선뼈를 갈아 환약을 조제한 것이니 너무 나무라지 마세요. 일단 그냥 계속 잡숴보세요."

그 말을 듣고 처음에는 화도 나고, 괘씸하기도 하였다. 내가 지금까지 고기를 먹지 않는 것은 수행도 수행이지만, 나로 인해 목숨을 잃은 한 생명에게 속죄하는 뜻이 더 큰 이유이기 때문이다. 그러나 지금의 나는 출가승으로서 수행생활을 계속하려면 일단 몸이 건강해야 하기 때문에 그냥 이해해주기로 했다. 그때만 해도 매년 내 생일날에는 절에서 만든 음식만으로 공양을 했는데, 얼마 후 나의 생일날에 신도들이 모인 자리에서 나는 이런 말을 했다.

"여러분, 나는 지금까지 일체의 고기를 먹지 않고 지내왔으나 오늘 이후부터는 고기를 먹을 것이니 여러분도 이해해 주길 바랍니다."

종무원 스님들에게도 이와 같은 말을 전했다. 그 이후부터는 스님이나 신도들이 고기를 먹는 식사자리에 언제나 나를 초청해주기도 했다. 그러나 그때나 지금이나 기도기간이나 천도재 같은 불공이 있을 때는 며칠 전부터 고기를 먹지 않는 것이 나의 소신이요, 법칙이다. 특히 산기도 갈 때에는, 일주일 전부터 고기를 먹지 않는다. 만약 고기를 먹고 가면 기도가 되지 않을 뿐 아니라 무슨 탈이 나기도 한다. 나의 금기사항이다.

신중이 죽음 직전에 나를 구해주시다

마산에서 국도를 따라 밀양을 지나 경북 청도에 있는 도반 사찰에 부처님 삼존불 개금불사 점안식에 간 일이 있었다. 갈 때는 가을이라 맑은 하늘과 붉게 물든 단풍을 구경하면서 즐겁게 목적지에 도착했다. 당시 도반 스님의 법사 스님이신 종단 원로 일우 스님을 증명법사로 모신 점안식이었던 것이다. 많은 사부대중이 참석하여 점안식을 무사히 마치고 돌아오는 길이었다. 그날은 마침 공휴일이라 차량 정체가 심했다. 예불시간에 유난히 집착했던 당시로선 다른 생각 없이 예불 시간 안에 꼭 사찰까지 도착하겠다는 생각만으로 운전을 하고 있었다.

국도는 당시에 왕복 2차선 편도 1차선으로 길도 꼬불꼬불한데다가 차가 밀리면서 시간은 자꾸 늦어지고 추월하기란 더욱 어려운 사정이었다. 하필이면 바로 앞차는 특대형 화물차로 앞의 도로 사정을 전혀 볼 수가 없어 더욱 답답했다. 시계를 보니 오후 네 시가 지나가고 있었다. 저녁 예불시간은 한 시간 남짓 밀리지 않으면 도착할 수 있는 시간인데, 마음은 더욱 조급해졌다. 초조한 마음으로 얼마나 갔을까, 반대쪽에서 오는 차량이 조금 뜸해지자 추월할 수 있는 기회는 이때다 싶었다. 좌측으로 핸들을 막 꺾는 순간, 앞에 가던 대형트럭도 같은 찰나 앞차를 추월하기 위해 같은 방향으로 핸들을 꺾는 것이었다. 바로 가던 대형 화물차 앞부분과 추돌하게 되었고, 추돌하지 않으려면 왼쪽으로 꺾어야 했다. 하지만 왼쪽으로 꺾으면 천길 벼랑으로 떨어질 수밖에 없는 형국이었다. “앗”하는 외마디와 함께 ‘아, 이제는 생을 마감하는구나’하는 생각이 번개같이 스쳐지나갔다. 바로 그때, 갑옷 같은 옷을 입은 건장한 누군가 내 차를 확 낚아채 눈 깜짝할 순간 대형트럭 앞으로 옮겨주고 사라졌다. 차를 낚아챈 갑옷을 입은 분은 신장님이 틀림없다는 생각이 머릿속을 빠르게 스치고 지나갔다. 평소에도 내가 운전할 때나 위험할 때는 비몽사몽간에 신장님이 휙-하고 스쳐가면서 정신을 차리게 한 경험이 있었기 때문이다. 그때마다 정신 차려 다시 운전을 하기도 했다. 정말 기적 같은 일이었다. 당시 내 차가 앞차를 추월하려면 반대편 주행차선으로 가야 했는데, 앞의 대형트럭이 이미 반대편 차로에 절반 이상 들어온 상태에서 내 차가 추월하려면 한쪽 바퀴는 도로에, 한쪽 바퀴는 언덕의 허공에 띄우며 추월해야 했다. 불가능한 일이었다. 너무나 찰나에 일어난 사실이라 눈으로 확인할 수도 없었다. 신장님에게 감사하다는 말을 연신 외치며 정신없이 절에 도착했다. 도착하자마자 먼저 신장님에게 감사 인사를 올렸다. 불교에서 신장님은 부처님의 수호신 또는 호법신으로서 위로는 석가 부처님의 가르침을 호법하고, 아래로는 부처님의 가르침을 따르는 모든 중생들까지 옹호해 준다고 한다. 불교에서는 신중의 가피를 받아 소원을 이루고자 하는 불자는 부처님의 가르침을 가슴에 담고 신중기도를 열심히 해야 한다고 했다.

또한 신중은 부처님과 부처님의 경전을 수호하는 역할을 맡고 있으며, 화엄 또한 신중에 나타나는 호법신들은 39위였으나, 19세기에 와서는 104위로 늘어났다. 이 중에는 금강신을 비롯해 천진, 지신, 수신, 산신, 용신 등 수많은 신들이 등장하고 있다. 호법신들은 하늘과 땅 사이 어느 곳에나 있다. 그러므로 부처님은 물론 부처님을 따르는 모든 중생들까지도 수호해 주는 신중을 우리 불자들은 믿고 따라야 할 것이다.

인육을 먹은 사람과 돼지

진주시 주약동 변두리 나지막한 산골 기슭에 20여 가구가 옹기종기 모여 사는 마을이 있다. 이곳에 사는 사람들은 농사나 채소를 가꾸기도 하고, 어린 소나 돼지들을 키워서 진주서부시장에 내다 팔기도 하며 시장에서는 소와 돼지, 오리 등을 사와 키워서 되팔아 생계를 유지하기도 한다. 그중에는 종돈[씨받이 돼지]을 키우면서 수입을 올리는 사람도 있었다. 종돈은 다른 돼지에 비해 덩치도 우람하게 클 뿐 아니라 힘이 좋았다. 종돈을 키우는 이들 부부는 사료도 남달리 신경을 써 정성들여 잘 먹이고 있었다.

씨받이 돼지를 키우는 것이 인근 또는 멀리서 소문이 나

문전성시를 이룰 정도였다. 그러나 세월이 지나 돼지의 나이가 많아지고 차츰 기력도 약해지자, 씨받이 행위가 제대로 안 되었다. 찾아오는 사람도 차츰 줄어들어 수입도 줄었다. 종자돼지로서 쓸모가 없게 되었다. 돼지는 주인 부부에게 어느새 애물단지로 전락하고 말았다. 자연히 관심이 줄어들어 먹이주기에도 소홀해졌다. 한두 번 굶기는 일이 잦아졌다. 어느 날 이들 부부는 좋은 돼지를 사 종돈으로 다시 키우기 위해 시장에 갔다. 하지만 돼지도 사지 못하고 힘없이 집으로 돌아와 보니, 다섯 살 아들이 보이지 않았다. 평소 같으면 엄마 아빠가 시장 다녀오는 모습을 보고 쏜살같이 뛰어 오곤 했는데, 그날은 아이가 보이지 않았다. 이웃 친구집 등 아이가 갈 만한 곳은 모두 찾아보았다. 그러나 아이를 보았다는 사람이 아무도 없었다. 집으로 돌아온 부부는 혹시나 해서 돼지 축사에 가 보았다. 축사 안을 보니, 아들의 신발 한 짝과 아이의 축구공이 나뒹굴고 있었다. 깜짝 놀라며 혹시나 해서 돼지를 보았다. 돼지는 아침에 사료도 주지 않았는데 만삭이 되어 있고, 세상모르게 잠들어 있었다. 순간 아차, 하는 불길한 예감이 스쳤다. 당장 그 자리에서 돼지를 잡아 배를 갈라보니 뱃속에서 아이의 시신이 산산조각 난 채로 발견되었다. 짐작건대 아마 아이는 축사에 빠진 공을 건져내려 들어갔다가 변을 당한 것이 아닐까 싶다. 부부는 통곡을 하며 뒷산 양지바른 곳에 아이를 묻으며 돼지도 묻어주었다. 돼지가 괘씸하지만 우리가 먹이를 제때 주지 않아 일어난 변이라고 생각하고 후회하며 말이다. 그로부터 며칠 후, 마을에 소문이 퍼졌다. 아기를 잡아먹은 돼지를 누군가가 파 갔다는 소문이었다. 그 마을에 사는 사람들 중엔 가축을 키워서 생계를 유지하는 홀아비 한 사람이 있었는데, 그는 평소 고기를 너무 좋아해 버려지거나 죽은 개나 닭, 돼지 등을 마다하지 않고 주워와서, 그것들로 요리나 곰탕을 끓여 먹는다고 했다. 마을 사람들은 이번에도 그 사람이 돼지를 파 갔을 것이라고 믿고 있었다. 며칠 전에도 그가 이웃 강아지를 몰래 잡아먹은 후 발각되어 주인에게 배상해 준 일도 있었다. 그로부터 얼마 후, 그는 시장에 가기 위해 이른 새벽에 길을 나섰다. 날이 새기 전에 마을을 벗어나 건널목을 막 지날 무렵, 조금 전에 지나간 화물열차에 치여 죽은 노루의 살점이 여기저기에 떨어져 있었다. 그는 살점을 주워들곤, 오늘은 재수가 참 좋은 날이라고 생각했다. 그 길로 시장에 가지 않고 바로 집으로 돌아왔다. 주운 살점을 삶아 수육으로 소주와 함께 맛있게 먹었다. 그날은 하루 종일 잠만 자고, 오후에 바깥에 나와 보니 사람들이 한곳에 모여 웅성거리고 있었다. 웅성거림을 가만 듣고 있으니, 그 얘기인즉슨 이랬다. 오늘 새벽에 철도 건널목을 건너던 아무개 엄마가 열차에 치여 숨졌다는 것이다. 그는 깜짝 놀랐다. 내가 아침에 노루고기라고 주워 먹은 고기가 노루가 아닌 사람고기라는 것을 알고는 그는 막심한 후회를 했다. 하지만 이미 돌이킬 수 없는 일. 그가 죄책감에 빠졌다. 그 이후로 그는 정신이 조금씩 이상해졌다. 멍하게 앉아있기도 하고, 헛소리를 하기도 하는 등 정신이상 증세로 폐인같이 살다가 다음 해 그 건널목에서 열차에 치여 숨졌다. 그날이 하필이면 일년 전 열차에 치여 죽은 사람과 같은 날이었다고 한다. 만약 그가 육식을 좋아하지 않고, 채식주의자였다면 그런 일이 일어나지도 않았을 것이다. 고기를 좋아하는 그에게는 모든 것이 그저 고기로만 보였던 것이다.

이씨 조선을 창업한 이성계는 어느 날, 무학대사와 자리를 같이 해 놓을 즐기고 있었다. 태조가 무학대사를 보고 말했다. 당신은 어찌 그리 돼지같이 생겼느냐고 하니, 무학대사 왈, 전하께서는 어찌 그리 부처님같이 생기셨소. 그 말을 듣곤 이성계가 이렇게 받아쳤다.

"허,허,허. 대사! 나는 대사더러 돼지라고 욕을 했는데, 아니 나더러 부처라고 하니 도대체 나의 어디가 부처같이 생겼소."

대사는 송구스러운 듯이 다음과 같이 일갈했다.

"돼지의 눈으로 세상을 보면 모든 것이 다 돼지같이 보이고, 부처의 눈으로 보면 모든 것이 다 부처로 보이는 것입니다."

무학대사의 이 말을 다시금 되새겨 본다. 돼지는 배가 고파 인육을 먹었는데, 사람은 고기 맛을 못 잊어 인육을 먹고.

제2장

나이에 관계없이 죽을 때까지 지식을 쌓아야

법구경法句經의 노모품老耗品에 보면 노모품자 회인근록 불여명경 노회하익老耗品者 誨人勳仂 不與命競 老悔何益이란 글이 있다. 노모품이란 사람에게 은근히 권하되, 부지런히 힘써 목숨과 다투어 쓰지 않으면 늙어서 뉘우쳐도 소용이 없다는 것을 말한다. 이는 인생의 무상함과 덧없음을 말한다. 오늘의 소년이 어느새 어른이 되고, 늙어서 병들어 죽게 되는 것이 우리의 인생이다. 꿈같이 화살같이 지나가는 것이 인생인데, 한 치의 시간도 아껴서 도를 닦아 빠른 깨달음을 얻어 해탈에 이르도록 힘써야 한다는 가르침이다. 우리 수행자뿐만 아니라 불자나 모든 사람에게 귀감이 되는 말이다. 여기 "어느 90세 노인의 수기"라는 글이 있다.

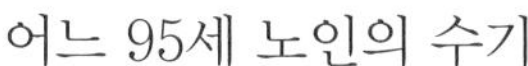

어느 95세 노인의 수기

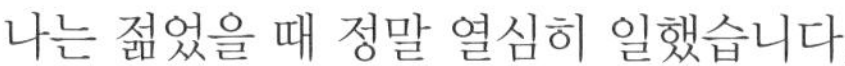

나는 젊었을 때 정말 열심히 일했습니다.
그 결과 나는 실력을 인정받았고 존경을 받았습니다.
그 덕에 65세에 당당한 은퇴를 할 수 있었죠.

그런 내가 30년 후인 95살 생일 때 얼마나 후회의 눈물을 흘렸는지 모릅니다.
내 65년의 생애는 자랑스럽고 떳떳했지만,
이후 30년의 삶은 부끄럽고 후회되고 비통한 삶이었습니다.
나는 퇴직 후 '이제 다 살았다. 남은 인생은 그냥 덤이다'
라는 생각으로 그저 고통 없이 죽기만을 기다렸습니다.
덧없고 희망이 없는 삶.
그런 삶을 무려 30년이나 살았습니다.
30년의 시간은 지금 내 나이 95세로 보면, 3분의 1에 해당하는 기나긴 시간입니다.

만일 내가 퇴직할 때 앞으로 30년을 더 살 수 있다고 생각했다면, 난 정말 그렇게 살지는 않았을 것입니다.

그때 나 스스로가 늙었다고, 뭔가를 시작하기엔 늦었다고, 생각했던 것이 큰 잘못이었습니다.

나는 지금 95살이지만 정신이 또렷합니다. 앞으로 10년, 20년을 더 살지도 모릅니다.

이제 나는 하고 싶었던 어학공부를 시작하려 합니다.

그 이유는 단 한 가지… 10년 후 맞이하게 될 105번째 생일날!

95살 때 왜 아무것도 시작하지 않았는지 후회하지 않기 위해서입니다.

호서대 설립자이자 명예총장 강석규 박사님이
95세 때 남기신 글

우리 불가에서도 스님들은 죽을 때까지 수행의 끈을 놓지 말고 쉬지 않고, 정진해야 다음 생에 더 지혜로운 큰스님 몸을 받게 된다고 한다. 우리의 육신은 세상에 태어나 한평생을 살다가 죽으면 지地, 수水, 화火, 풍風으로 사대가 흩어지고, 우리의 육신을 지배하던 영혼은 육신으로부터 분리되어 인연 따라 다시 다른 몸을 받고 태어난다.

윤회사상에서 즉 현재의 내 모습은 전생에 길들여진 상태의 연장이며 미래는 현재 나의 모든 행의 연장이다. 사람이 살아생전에 행한 모든 업들이 쌓이는 곳이 영혼이며 이 영혼 속에는 평생 동안 행한 모든 행위들이 식으로 쌓여 저장된다. 이 식을 우리는 영식이라 하며 업을 만든 종자가 된다.

이 영혼에 인식을 전달해주는 기관이 우리 육신의 안眼, 이耳, 비鼻, 설舌, 신身, 의意 여섯 가지 감각기관이며 그 대상인 색色, 성聲, 향香, 미味, 촉觸, 법法으로 전달 된 것을 영혼이 인식하여 받아들이는 식을 영식이라고 한다. 이 여섯 가지 인식을 육식이라고 하며 이 육식을 분석하여 사량思量하게 되는데 이것을 말라식이라 하고 이를 7식이라고 한다.

말라식은 사량한 식을 저장해 두기도 하는데, 저장은 8식이 하게 된다. 이것을 함장식이라고 하며 이곳이 영혼이고 여기에 저장된 식이 영식이다. 이와 같이 사람이 살아 있을 때는 육신과 영혼이 함께 존재하지만 육신의 생명이 끝나 죽음에 이르면 영혼은 육신을 떠나 영계에 머무르게 된다. 이때를 중음신이라고 하며 그 기간이 49일로 중음신이 중유하는 기간이 된다. 중유에 머무는 기간 동안 영혼은 영식이 간직한 업력에 따라 다음 생의 인연을 만나 다시 태어나게 된다. 여기에서 우리가 알아야 할 것은 전생에서 지은 업은 물론 우리가 전생에 알고 있었던 모든 지식이 저장된 영식과 함께 다음 생에 탄생한다는 사실이다. 그러나 그 사람의 업력에 따라 총기가 있기도 하고, 총기가 없어지기도 한다. 이로 인해 어떤 이는 전생에 알고 있던 지식으로 금생에도 지혜롭게 편히 잘 살기도 하고, 어떤 이는 업이 많아 총기가 없는 우둔한 사람으로 일생을 고생하면서 살아가게 되는 것이다. 그래서 우리는 나이가 많아 죽을 때까지 쌓고, 배우고 익혀서 다음 생에도 지혜롭고 총명한 생을 맞이하도록 해야 한다.

구렁이가 된 엄마를 천도시키다

어느 날 생면부지의 보살 한 분이 나를 만나기 위해 세심사에 찾아왔다. 스님을 친견하기 위해 찾아왔으니 잠깐만 시간 내주시면 감사하겠다고 하였다. 우리는 상담실에서 얘기를 나눴다. 보살의 말이 이랬다.

"스님을 잘 아시는 신도로부터 스님에 관한 얘기를 들었습니다. 스님이 산기도 가실 때, 꼭 한 번 따라가면 안 될까요."

나는 한마디로 안 된다고 잘라 말했다. 산기도는 일반 속인들이 함부로 하는 것이 아니며, 산기도를 잘못하면 산에서 기도 중에 잡신이 붙기도 하고, 멀쩡한 사람이 미치거나 정신이상 증세도 생길 수 있을 뿐 아니라 나 역시 일반 불자와 함께 가면 나 자신의 기도가 안 되기 때문에 안 된다고 했다. 보살은 그길로 돌아갔다. 일주일쯤 지났을까, 보살이 다시 찾아왔다.

"스님, 저를 한 번만 데려가 주신다면 스님 기도에 방해가 되지 않도록 하겠습니다. 지금 우리 어머님이 내 몸에 빙의가 되어 있습니다. 어머님을 위해 산기도를 꼭 해야 합니다."

보살의 간절한 부탁을 거절할 수가 없었다. 날짜를 잡아 경북 봉화군 청량산에 함께 기도를 가게 되었다. 청량산 가는 길은 지금은 도로도 넓혀지고, 포장도 잘 되어 있어 3시간 정도면 갈 수 있다. 하지만 당시엔 승용차로 가도 다섯 시간 넘게 시간이 걸리는 거리였다. 청량산에 가면 산에서 혼자 양봉하는 노인이 거주하는 움막집과 바로 옆에 빈집이 또 하나 있다. 양봉 노인이 계시는 움막은 방이 2개가 있었다. 노인에게 방 하나를 빌려 보살은 그곳에서 숙식하면서 기도하기로 했다. 산기도 하는 방법과 주의사항도 단단히 일러두고 산에서는 다른 기도는 하지 말고 어머님을 위한 지장정근만 열심히 하라고 했다. 내가 하는 기도처가 따로 있으나 처음 며칠만 가까운 곳에서 기도하기로 했다. 보살은 첫날 기도는 잘하였다. 문제는 둘째 날, 처음엔 잘하던 보살이 자정이 지나자 이상한 소리를 내기 시작했다. 지장보살 지장보살을 잘 정근하다가 나중엔 지장보살 하면 "딱"하는 소리와 이어서 '아야, 비켜라'를 계속하는 것이다. 지장보살, 딱, 아야, 비켜라. 이렇게 몇 시간 동안 계속되었다. 다음날 아침에 보살을 불러 놓고 물었다. 어젯밤 기도할 때 나던 그 소리가 무엇이냐고. 그러자 보살은 고개를 떨구면서 말했다.

"스님, 실은 제겐 어머님의 죽은 혼이 구렁이가 되어 몸에 붙어 있습니다. 제가 어머님을 위해 지장기도를 하니까 어머님은 좋아서 몸 밖으로 나와 합장하여 기도하는 내 팔에 몸을 걸치곤 좋아서 춤을 춥니다."

그 보살은 무거워서 왼손으로 구렁이를 '탁'친다. 그러면 엄마 구렁이는 "아야"하는 소리를 낸다. 다시 그 보살은 '비켜라'한다. 이런 행동이 밤새 반복된다는 것이다. 그때는 내 기도도 하는 둥 마는 둥 그렇게 일주일간의 기도를 마치고 돌아왔다. 돌아온 후, 그 보살에겐 기도 방법을 바꾸어 지장

정근과 미타경을 열심히 정근 독경하라고 하며 어머님과 조상님의 천도재를 세 번이나 한 후, 2년이 지나서야 몸에 붙어 있던 구렁이 어머님이 떠나갔다고 하였다. 이후, 그 보살은 남편은 출가시켜 스님이 되도록 하고, 자신은 밀양에서 절 살림을 돌보며 열심히 살아가고 있다.

진정한 보시

언젠가 우리 절의 보살 신도 한 분이 나를 찾아와 말했다.

"스님, 나는 앞으로 탁발 오는 스님에게는 단돈 일천 원이라도 절대 보시하지 않겠습니다."

그 신도는 시장에서 반찬가게를 하고 있는데, 며칠 전 어느 스님 한 분이 사찰 불사를 위해 탁발을 왔다고 해서 두말않고 5만 원을 선뜻 보시했다고 한다. 그런데 저녁 무렵에 퇴근길 버스정류장에서 낮에 탁발하러 온 스님을 보았다고 했다. 그 스님은 정류장 의자 위에 걸망을 베개 삼아 누워 있었다고, 보아하니 술에 취해 고주망태가 되어 코까지 골며 세상모르게 잠들어 있었더랬다. 그 모습은 본 보살은 그 자리에서 결심했다고 한다. 앞으로 탁발 오는 스님에게는 단돈 일천 원이라도 절대 보시하지 않겠다고 말이다.

나는 조용히 그에게 말했다.

"보살님, 보시는 내가 보시를 한다는 상이 없는 보시가 진정한 보시입니다. 주는 것은 내 공덕이요, 주고 난 후의 보시금의 용도는 그 스님의 몫입니다. 그 스님이 보시금으로 사찰 불사를 하든 술과 고기를 사 먹든 그 몫은 그 스님의 업장입니다. 그러니 너무 심려 마세요. 보시바라밀의 행은 내 생의 공덕이니 쉬지 말고 계속하는 것이 좋겠습니다."

그 보살은 보시에 대한 새로운 마음을 갖게 되었다며 가벼운 마음으로 돌아가면서 내게 말했다.

"스님, 오늘 좋은 법문을 내 마음에 깊이 새겨놓겠습니다."

제2장

산에서 도인을 만나다

이 산 저 산 명산을 찾아 기도하다 보니 그래도 그중에서 내 마음이 편한 곳이 있다. 그곳이 바로 지리산이다. 혼자서 일주일 계획으로 갔는데, 일주일이 끝나자, 오전기도를 마치고 오후에 회향할 마음에 홀가분한 마음으로 기도하던 뒷산에 올라가고 싶어 산책 삼아 가 보았다. 위에 올라가 보니 내가 기도하던 자리보다 전망도 좋고, 기도하기에 더 좋은 곳이구나, 생각해서 조금 위쪽을 바라보니 조그만 움막이 보였다. 나도 모르게 그곳으로 가게 되었는데, 가까이 가보니 나지막하지만 흙과 돌로 움막을 만들어 보기도 포근한 감이 들었다. 움막은 그냥 임시로 만든 것이 아니라 장기적으로 오래 머물기 위해 튼튼하게 만든 것으로 보였다. 안에 사람이 있는 것 같아 "안에 누구 계세요?"라고 하니, 안에서 싸리문을 열면서 어디서 온 뉘시길래 이곳까지 왔느냐고 하였다. 나는 서서 수인사를 하며 바로 밑에서 기도하는 스님이라고 하니, 잠시 들어오라고 하였다. "염치를 무릅쓰고 실례합니다."하며 안으로 들어갔다. 움막 안에는 낡은 책자와 생활도구 몇 가지만 있었다. 마주 앉아 간단한 수인사를 드리고 가까이에서 얼굴을 보니 나이는 그렇게 많지 않아 보이나 덥수룩한 수염과 긴 머리가 비록 초라하지만 눈에서는 광채가 나니, 그 모습이 한눈에 보기에도 범상치 않아 보였다.

나는 궁금한 것부터 질문을 하였다. 여기서 어떤 목적으로 혼자서 생활하시며 먹을 것은 어떻게 구입하느냐고 물었다. 그분은, "내가 여기에서 기도한 지도 벌써 30년이 되었습니다. 식생활을 산나물, 약초 등으로 하는데, 이따금 등산하다 길을 잘못 찾아 이곳으로 오는 분들에게 산약초로 만든 차를 대접합니다. 그러면 그분들이 고맙다며 배낭에 든 쌀과 커피, 또는 먹을 것을 모두 내놓고 가기도 하지요. 몇 년 전

에는 어떤 약초 캐는 심마니가 주고 간 버섯 종균으로 버섯을 재배해서 지금까지 먹고 있습니다."하였다. 그런데 아무 목적이나 계획도 없이 왜 기도만 하느냐고 하니, 그분은 조그만 목소리로 대답했다. 세상사에 환멸과 염증을 느껴 산에서 혼자 살게 되었다고, 자신도 지난날에는 수행승이었다고 말이다. 나는 그의 말에 이렇게 물었다. "네, 그렇습니까. 그럼 언제까지 이곳에 계실 것인지 물어봐도 되겠습니까." 그는 문을 활짝 열며 저기 앞산에 숲이 우거진 가운데 큰 바위가 보이는 곳을 가리키며 저곳엔 50년 넘게 기도하시는 분이 계신다고 하셨다. 저분 말고도 지리산과 전국의 명산에는 세상을 등지고 기도만 하는 선사가 많이 있다고, 그런 말을 하시며 저런 분은 세상이 돌아가는 일들을 미리 다 알고 있다는 것이다.

박정희 시해 사건, 12·12 사건 북침 56함대 침몰사건, 잠수교, 대연각 화재 사고 등 국가적으로 크고 작은 사건을 미리 다 알고 있다고 하며 그런 사실들을 절대로 누설하지 않는다고 하였다. 말하는 것은 천기누설이라고 하였다.

나는 이런 이야기를 듣고 우리 불가에도 스님들이 산에 들어가 10년 묵음기도를 했다거나 20년을 산에서 수행을 했다고 자랑하는 스님도 있는데 진정 깨달은 수행승이라면 수행을 했다느니 하는 말은 삼가고, 그저 아무도 모르게 수행하는 것이 참다운 선승이 아닌가 하는 생각도 해봤다. 부처님이 평생 8만 4천경을 설하고도 나는 한 마디도 법을 설한 바 없다고 하신 것처럼 사람들이 멀리서 산을 바라보면 숲이 무성하여 산속이 빈틈이 없고 비좁은 것 같지만, 막상 숲속에 가보면 넓은 공간과 여유로움이 있다. 그리고 세상을 다 알고 있는 도인도 있다는 사실을 알게 되었다.

3장 불교의 오늘과 내일

일본불교의 실상

일본은 국교가 불교다. 인구 1억 2천만 중 79%인 9천5백만이 불교신도이다. 일본 불교가 오늘날 이렇게 막강한 불자 수와 경제적 영향력을 유지해 온 배경에는 크게 두 가지 원인이 있다. 첫째는, 도요토미 히데요시豊臣秀吉, 둘째는, 에도江戸 막부의 역할이었다.

도요토미 히데요시, 그가 누구인가. 우리 민족에게도 망국의 원수요, 뼛속까지 원한에 사무치는 인물이 아니었던가. 그런 그가 일본에서는 영웅 반열에 올라 추앙받는 인물이다. 도요토미 히데요시는 일본 전국戰國을 통일하고 아시아 전 대륙의 황제가 되는 꿈을 키워왔던 인물이다. 그런데 그에게도 통

제가 안 되는 지역 주민들이 있었다. 규슈는 기독교인, 즉, 키리시탄크리스찬들이 모여 사는 곳으로 이미 외국인 선교사들이 지배하고 있었으며 나가사키長崎는 이미 키리시탄의 교회령敎會領이 되어 있었기 때문이다. 그들 키리시탄들에게 하나님은 유일신으로 그들에게는 목숨보다 더 소중한 분이다. 그렇기 때문에 모든 것은 하나님이 우선이요, 그 외의 인간이 내리는 명은 그다음으로 생각한다. 이러한 사실을 알게 된 도요토미 히데요시는 키리스탄에 눈을 번쩍 뜨게 되었다. 일본은 신국神國으로 다른 종교를 인정해 줄 수 없다고 하며, 그때부터 기독교 전도를 일체 금지시키고 모든 선교사를 추방한다. 이때부터 종교쇄국정책을 선포한다. 일본에는 '후미에'가 있다. '후미에'란 예수의 십자가나, 성모 마리아 상을 양각으로 만든 동판을 말한다. 우리나라 남대문 같은 성문 바닥에 동판을 깔아놓고 성문을 드나드는 모든 사람에게 그 동판을 밟고 지나가게 한다. 동판을 밟고 지나가는 사람은 살려주고 만약 밟지 않고 비켜 가면 그 자리에서 목을 베 죽이는 형벌을 내렸다. '후미에'로 인해 목숨을 잃은 사람이 통계로 28만 명에 이른다고 한다. 그러니 그 잔악성이 어떤지 짐작이 간다.

둘째, 일본의 에도江戶 막부가 기독교 등을 탄압하기 위해 모든 가정을 특정 사찰에 소속되도록 했던 제도 때문이다. 사찰에서 주민등록을 하게 하는 제도로, 일본의 전 국민이 지정한 절간에서 관공서처럼 주민등록을 올리게 한 후, 모든 장례식은 불교식으로 치르게 하고, 유골을 사찰 안에 안치하게 하는 제도이다. 일본 불교가 경제적으로 큰 영향력을 행사해 온 가장 큰 원인이 단가절에 사주하는 제도 때문이라고 한다. 이런 혜택으로 불교에서는 교육, 의료, 장례의례, 카운슬링 등의 서비스까지 절에서 일부 제공해 왔다. 이로 인해 일본의 불교 인구는 한때 90%가 넘게 늘어난 적이 있었다. 2005년 일본 문화청 통계로는 불교신도가 약 9,100만 명으로 전체 인구의 75%에 이르며 사찰 수는 8만 6천여 곳에 이른다고 한다. 지난 2006년 5월 일본 후지 텔레비전에서 조사한 '일본인이 존경하는 100인의 위인'에 히데요시가 4위에 올랐다고 하니, 서글픈 마음을 지울 수가 없다. 그리고 일본 박물관에는 형체를 알아볼 수 없을 정도가 된 십자가의 동판이 지금도 걸려 있다고 한다.

폰티펙스 다리를 놓는 사람

(1) 금문교

폰티펙스란 다리를 놓는 사람을 칭하는 말이다. 옛 로마 교황에 대한 공식 명칭이 폰티펙스였다. 다리가 상징하는 바는 여러 가지가 있지만, 가장 대표적으로 상징하는 바는, 이쪽에서 저쪽으로 갈 수 있다는 뜻이다. 또한 인간이 지상에서 극락에 갈 수 있는 가교라는 뜻이기도 하다.

미국의 금문교는 2세대를 거치면서 만들어낸 명품이다. 1883년 뉴욕의 맨해튼과 브루클린을 잇는 금문교는 다리가 완성되기까지 무려 26년이나 걸렸다. 그 사이 설계자 '존 로블링'은 다리 측량 중에 사고로 파상풍에 걸려 죽었다. 그의 아들, '워싱턴 로블링'이 후계했으나, 아들 역시 다리 완성을 보지 못하고 죽었다. 아들은 다리의 교각을 세우기 위해 물속에 계속 드나들다가 잠수병으로 세상을 등졌다. 그런 부자父子의 목숨이 깃든 금문교는 120년이 지난 지금도 뉴욕의 명물로 남아 있다.

(2) 성수대교

성수대교 붕괴 참사는 1994년 10월 21일에 발생했다. 붕괴 참사가 가져다준 아픔은 아직도 아물지 않고 있다. 49명의 사상자 중 32명의 사망자가 발생한 성수대교의 붕괴 참사, 사고 원인을 조사한 조사위원회 위원장 장승필 전 서울대 명예교수는 당시 조사 과정을 이렇게 말했다. 성수대교 참사는 의욕만 앞서 결과물을 빨리 내놓으려는 정부와 이윤을 많이 남기려는 건설회사가 빚어낸 사고라고 했다. 건설회사가 새 기술에 대한 충분한 설계 분석과 점검 없이 시공에 적용한 안전불감증이 만들어 낸 비극이다. 지금의 한강 교량은 모두 20개이다. 우리나라에서 보통 시설물의 경우 30년이 넘어서면

고령의 단계에 진입한다. 고령 단계에 진입하면 병원비보수, 보강, 비용가 대폭 증가한다고 한다. 성수대교는 1976년 10월 16일 개통된 한강을 가로지르는 교량으로, 당시까지 기능 위주로만 만들어 왔던 다리에 미적감각을 추가시키는 등 새로운 기법을 시도했던 건축물이었다. 개통 당시 대통령이었던 박정희 대통령이 개통식에 참석하는 등 사회적 이목을 끌던 다리였다. 하지만 충분한 검증 없이 만들어 낸 비극이었다. 이와 같이 다리를 놓는 사람의 임무와 책임은 막중하다. 많은 사람의 목숨이 달려 있기 때문이다.

폰티펙스는 라틴어 합성어로 다리를 놓는 사람을 의미한다. 신과 인간 사이를 연결하는 뜻으로 기독교에서도 주교를 가리키는 명칭으로 사용되기도 했는데, 결국 하나님과 인간 사이에 다리를 놓는 최고 사제라는 뜻이다. 우리 불교에서 승려들도 계율을 지키며 깨달음을 열기 위해 뼈를 깎는 수행으로 위로는 부처님의 가르침을 받고 아래로는 고통받는 많은 중생을 교화하여 이승에서 극락으로 가는 튼튼한 가교 역할을 충실히 해야 할 것이다.

제3장

경찰청소속 경승단

경찰청을 비롯한 전국 경찰서에는 소속 경승단이 활동하고 있다. 경승 경력이 금년으로 23년 차다. 경찰관들은 일반 공무원과는 달리 업무의 특수성 때문에 때에 따라선 가정에 소홀한 채, 격무에 시달리고 있다. 이들 경찰관들이야말로 이 시대에 진정한 시민의 공복으로, 시민이 자발적으로 존경과 공감의 눈길을 보낼 수 있도록 만들어 가는 데 우리 종교단체가 힘을 보태어 선도적 역할을 해 나가야 할 것이다. 경승단의 역할은 민주경찰의 정신교육 함양에 가장 중점을 두고 있으며 경찰관들이 과다 업무로 인해 시달리는 심신을 위로해 주고, 사회적으로 낙오되거나 소외된 사람, 범죄자와 불우청

소년을 교화하는 데에 목적이 있다.

사건사고 없는 평화로운 사회가 이룩될 때, 우리 국민들은 모두가 평화로워진다. 지난 2000년도에는 마산중부경찰서 아침 조례식에서 경찰관에게 정신교육과 예절에 관한 법문을 하기 시작했다. 시민 경찰학교 수강생들을 대상으로 한 특강을 맡아 강의해왔다. 또한 경승단을 후원하는 신행단체 불경회를 조직했다. 현직 경찰관과 불자들이 함께하는 봉사단체를 만들어 매달 장애인, 독거노인, 불우이웃에게 밑반찬을 만들어 전달하고 연말이 되면 동치미를 담가 이들에게 나누어 주는 봉사활동도 하고 있다. 경찰서와 경승실에는 지난 2001년에 도서실을 만들어 불교서적과 교양서적 등을 비치하고, 커피, 녹차, 홍차 등을 마련하여 잠시라도 휴식할 수 있는 공간으로 만들어 지금까지 활용하고 있다. 매년 부처님 오신 날과 경찰의 날에는 경승단과 불경회 회원들이 점심공양과 선물을 준비하여 전달했다. 경찰 가족 중에 사정이 어려운 가족의 자녀에게는 장학금을 전달하기도 했다. 아직까지 우리나라 경찰관들의 생계를 지탱할 수 있는 위험직무 관련 순직 공무원에 대한 보상은 미비한 상태다.

수원남부 경찰서 김태경 경장은 음주단속을 벌이던 중, 도주하려던 무면허 운전자 김 모 씨의 승용차 운전석에 팔이 끼었다. 김 씨는 김 경장을 매달고 달아나다가 1.6km 떨어진 화성 봉담면 도로에서 중앙분리대를 들이받았다. 이 사고로 김 경장은 차에 부딪쳐 금속중앙분리대 아래에서 숨진 채 발견 되었다. 그러나 당시의 현행법으로는 3,000~4,000만 원의 유족 보상금이 고작이었다. 고인의 순직이 더 가슴 아픈 것은 그가 한 집안의 가장이었다는 사실 때문이다. 그는 누군가의 남편이었으며, 두 아이의 아버지였다. 경찰은 때론 생명까지 바치며 위험을 감수하고 있지만, 그에 대한 보상은 너무나 미약한 실정이다. 미국 사회에서는 경찰관을 법과 권위의 상징으로 받아들이고 경찰관에 대한 대우도 남다르다. 만약 경찰관이 근무 도중 사망하면 남은 배우자가 사망할 때까지 해당 경찰관이 받던 봉급을 지급한다고 한다. 미국 사회에선 시위대가 공권력의 상징인 경찰을 공격하는 것은 상상할 수도 없다. 한국처럼 시위대가 경찰을 향해 각목을 휘두르거나 화염병을 던지는 것은 생각도 못 할 일이다.

한국도 이제 국민의 안위를 위해 위험을 무릅쓰고 근무하는 공직자에 대해선 권위를 인정해주고 불의의 사고를 당했을 때는 그에 합당한 예우를 해주는 과감한 인식 전환이 필요할 것이다.

동방의 조그만 나라, 대한민국

2002년, 한일 월드컵 축제에 모든 세계인들이 흥분했습니다. 한국에 온 관람객들은 한결같이 놀라고 있습니다. 그들이 놀라는 이유는 세 가지입니다. 첫째, 한국의 발전상에 한 번 놀라고. 둘째, 한국 음식의 매운 맛에 두 번 놀라고. 셋째, 한국 축구의 매운맛에 다시 한번 놀랐다고 합니다.

우리나라 격동기의 독립운동가이며 교육자이자 경찰관 독립 운동가로 유명한 조병옥 박사에게 따님이 있었습니다. 조 박사 따님을 보면 세 번 놀란다고 합니다. 조 박사 따님의 뒷모습이 너무 아름다워 한번 놀라고, 두 번째로 따님의 앞모습이 곰보라는 데에 놀라고, 세 번째로, 그녀가 조 박사의 따님이라는 데에 놀란다고 합니다. 지금 우리 주변에는 놀라운 일들이 수없이 발생하고 있습니다. 우리나라는 불과 50년 전만 해도 그냥 동방의 조용한 나라, 아침의 나라, 평화를 사랑하는 백의민족, 그렇게만 알려져 있었습니다. 1980년, 어느 시골학교 교장 선생님이 독일에서 세계 교육자 모임 세미나에 참석한 일이 있었습니다. 그 자리에 모인 모든 국가의 교장 선생님들이 각기 자기 나라에 대한 자랑을 하게 되는 시간이 있었습니다. 각국의 자랑은 다음과 같았다고 합니다.

* 미국, "우리나라는 세계 최초로 인공위성을 발사하여 달나라 탐사를 했습니다."
* 영국, "신사의 나라, 멋을 아는 국민. 오대양 육대주 해가 지지 않는 나라입니다."
* 독일, "우리나라는 중공업 정밀 기계의 세계적 산실입니다."
* 벨기에, "우리나라는 세계적인 명품 브라우닝 엽총을 생산하는 나라입니다."
* 일본, "우리나라는 국토는 작지만, 세계 경제 대국으로 우뚝 선 나라입니다."

* 사우디, “우리나라는 신의 축복으로 석유 최대 생산국으로 부국을 이룩한 나라입니다.”

다음으로 대한민국의 자랑 차례가 왔다고 합니다. 우리나라 시골 교장 선생님은 자리에서 조용히 일어나 입을 열었습니다.

“우리나라는 미국과 같이 인공위성이나 벨기에와 같이 세계적 명품도 만들지 못합니다. 하지만 우리는 평화를 사랑하는 나라, 동방의 조용한 나라, 아침의 나라, 백의민족으로 한 번도 남의 나라를 침범하지 않은 나라입니다. 앞으로 우리는 세계가 깜짝 놀랄 만한 현실을 보여 주게 될 것입니다. 월드컵 축구 대회와 88올림픽이 예약되어 있습니다. 올림픽 개막식의 어린이 굴렁쇠 놀이를 선보입니다. 조용하다는 것은 곧 시끄러움의 전초입니다. 곧 세계를 깜짝 놀라게 할 사건들이 일어나게 될 것입니다. 한일 월드컵 개최와 함께 경제 발전이 이루어져 세계의 이목과 시선이 모아질 것이기 때문입니다.”

선생님의 말씀이 끝나자, 모임에는 숙연한 분위기가 감돌았다. 참석자들은 일제히 아낌없는 박수로 화답하였다.

한국 종교의 巫와 佛

한국 종교의 역사를 보면 불교가 들어오면서 기존에 있던 많은 토착 신앙을 수용했음을 알 수 있다. 이러한 현상은 무교가 초기 역사 그 이전부터 중요한 역할을 해 왔으며 국가가 형성되기 이전인 부족 사회 때부터 초자연적인 존재와 통하는 다리로 여겨져 있음을 알려 준다.

무교는 사람들이 평상시 일반적인 방법으로 풀 수 없는 큰 문제에 직면했을 때, 무당의 중재를 빌어 신령들의 도움을 청하는 관습에서 전래된 것이다.

무교는 토착신앙으로 뿌리내려 우리들의 관습에 잠재해 왔기 때문에, 이러한 상태에서 불교문화는 토착신앙의 일부를 수용하면서 자연스럽게 서로 접목되어 묵시적인 보완관계의 동반자가 된 것이 아닌가 한다. 조선조 건국과 함께 승려나 무당이 천민으로 떨어지면서 도성의 절이 폐쇄되는 등 혹독한 방해를 받기 시작한 이후 불교는 살아남기 위해서 민중들에게 가까운 무교를 수용하고 신도들을 산골짜기까지 오게 하기 위해서라도 무교의 많은 요소들을 받아들이게 된 것이 아닌가 한다.

이와 같은 현상의 대표적 사례가 삼신三神과 독성獨聖, 산신山神, 칠성七聖신을 받아들임으로써 많은 불교신도들로부터 사랑을 받은 것이다. 불교에서 말하는 대승적 견지에서 보면 타력他力 신앙도 수용할 수 있을 뿐 아니라 외도하는 이단자 모두를 구제할 수 있다는 관음정신이 큰 바탕이 된 것으로 보인다.

우리나라는 전 세계에서도 이례적인 다양한 종교들이 공존하고 있는 나라이다. 그중에서도 불교, 개신교, 천주교, 유교, 그리고 자연종교인 무교가 주종으로 존재하고 있다. 이러한 종교 다원화 현상에서도 거부감 없이 가장 친숙한 관계가 있다면 불교와 무교의 관계이다.

(1) 불교 사찰의 무교화

조선조 건국과 함께 승려나 무당의 신분은 유교에 의해 금압의 대상이 되었다. 조선시대 종교신행宗教信行의 모습은 남성 위주의 유교와 여성 위주의 불교, 무교가 나름대로 공존한 것으로 알려져 왔다.

아무리 민중에게 삶의 모든 면을 관장하는 절대 이념으로 유교를 철저하게 심으려 해도 사부대중을 제외한 대부분의 국민들은 유교로는 만족할 수 없었던 것이다. 감수성이 예민한 여성들이 불교나 무교에 이끌리는 현상은 당연한 이치였다. 이런 면에서 불교와 무교는 종교의 대립적인 상황에 있었다기보다는 양과 음이 서로를 보완하듯 하나의 구조 안에서 조화를 이루고 있었다고 보는 것이 당연한 이치다.

(2) 무교의 불교적 내세관

불교와 무교의 상호 영향 정도를 살펴보면 불교가 무교에서 받아들인 것보다는 무교가 불교로부터 받은 영향이 훨씬 더 많을 것이다.

우선 무교에서 보는 내세관이나 죽은 영혼에게 가하는 심판의 기준 등이 기본적으로 불교적인 것이다. 무교에서는 내세를 크게 천상계극락와 지하계지옥 둘로 나누는데, 이러한 이분법적인 도식은 민간 불교에서 흔히 발견되는 것이었다. 그뿐만 아니라 무교에서 사람이 죽으면 명부冥府로 가 시왕十王들 앞에서 생전의 선악 행위에 대해 심판을 받는다는 것도 완전히 불교적인 것으로서 불교사원에 있는 명부전 시왕전에 얽힌 교리를 그대로 옮긴 것들이다. 굳이 다른 점이 있다면 불교에서 말하는 지옥 주재主宰 보살인 지장보살 이야기가 명확히 보이지 않는다는 점이다.

불교에서나 국가적으로 인재양성은 시급한 과제

우리나라 불교의 거대한 두 가지 숙제가 있습니다.

교육적 비전의 결여요. 또 하나는 사회적 비전의 결여입니다. 교육적 비전의 결여란 일차적으로 승려의 교육이 제대로 이루어지지 않고 있다는 사실입니다. 이로 인해 인재 양성이 제대로 되지 않고 있습니다. 한국 불교가 교육적 제도에 과감한 투자를 하지 않고 있다는 사실이 첫 번째 숙제라고 할 수 있습니다.

둘째, 스님들이나 신도들은 사찰 불사에만 명을 걸고 있다는 점입니다. 우리 불교가 열악한 현실에서 살아남기 위해서는 유형적 자산보다 무형적 자산이 필요합니다. 불교의 지속적 발전을 위해서는 법당이나 요사채를 짓는 것도 중요하겠지만, 그보다도, 그러한 외형적 발전을 이끌어 갈 수 있는 인재 양성이 더 시급한 문제입니다. 원효 스님 한 분이 해동 불교사를 빛내었듯, 똑똑한 스님 한 사람만 잘 지어 놓으면 거대한 사찰 수백 개를 짓는 것보다 훨씬 나을 것입니다.

국가적인 차원에서도 인재 양성은 필수입니다.

현재엔 경제적 생활수준이 나아져 끼니를 걱정하는 사람은 별로 없지만 보다 잘 살기 위한 걱정을 하고 있습니다. 자녀들의 교육비가 생활비의 몇 곱이나 더해지는 바람에 교육을 중도 포기하는 사례도 있습니다. 국가적 차원에서도 인재 양성은 필수입니다. 지금 세계 각국의 외교, 연예, 스포츠, 예술계에서 한국을 빛내고 있는 사람들이 많습니다.

반기문 유엔총장은 한국인 최초의 유엔사무총장으로서 대한민국을 세계에 알린 바 있습니다. 아티스트 백남준은 비디오아트의 창시자로서 비디오아트의 아버지로 불리는 세계적 아티스트입니다. 세기의 아이콘이라고 불릴 만합니다. 대한민국을 자랑스럽게 만들었으며 독일에서 선정한 세계의 작가 100인 중 8위에 오른 바 있습니다. 지휘자 정명훈은 1974년 모스크바 차이콥스키 음악 콩쿠르에서 2위로 일약 스타가 되어 지금은 세계의 지휘자 중의 한 명으로 우뚝 섰습니다. 1989년, 프랑스의 세계적 오페라단인 국립 바스티유 오페라극단 음악 총 감독 겸 상임지휘자를 맡으면서 세계 최정상급 지휘자로서 대한민국의 위상을 세계에 드높였습니다. 발레리나 강수진, 그녀는 1985년 스위스 로잔에서 동양인 최초로 그랑프리를 수상, 독일 슈투트가르트 발레단에 최연소 입단하여 수석 무용수로 등극했습니다. 한국인의 긍지와 아름다움을 알리며 강철나비라고 불리었습니다. 세계를 그녀의 발끝에서 감동하게 만들었습니다. 소프라노 조수미, 그녀는 대한민국이 낳은 천상의 목소리를 가졌습니다. 소프라노 가수인 그녀는 세계적 명성을 떨쳤습니다. 사람들은 대한민국은 몰라도 조수미는 안다고 합니다. 그녀는 20대 중반에 라스칼라88년, 메트89년, 코벤트가든91년, 파리오페라93년 등 세계 5대 오페라 극단을 차례로 섭렵하였습니다. 그 외에도 스포츠 피겨스케이트 김연아, 축구선수 박지성, 야구선수 박찬호 등 세계무대에서 대한민국을 알리며 우리나라 품격을 높인 일등공신들이 있습니다. 이와 같이 인재 양성은 국가적으로 나라의 큰 버팀목이 되고, 우리나라를 세계에 알리는 데도 큰 역할을 합니다. 우리 불교에서도 인재 양성은 필수적입니다. 앞으로 불교가 1,600년 불교문화를 영원히 꽃피우기 위해서라도 가장 시급한 문제는 바로 인재 양성입니다.

일체중생은 상의상부함으로써 존재하는 연기적 관계

우리 모두는 불성을 가진 고귀한 존재입니다. 그렇기에 일체중생은 평등하고 존귀합니다. 이는 곧 중생이 부처라는 말입니다. 우리는 한 뿌리이며 한 몸, 한마음의 존재라는 것을 명심해야 합니다.

나뭇잎이 떨어져 여기저기 뒹구는 가을이 깊어가고 있습니다. 그토록 푸르고 무성했던 나뭇잎들이 찬바람이 불자 시들어 떨어지고 있습니다. 자연이 무상無常의 법문을 설說하고 있는데 우리는 귀 기울여 듣고 있습니까?

부처님 가르침의 핵심은 일체 모든 것은 끊임없이 변한다는 진리, 즉 무상의 진리입니다. 일체 모든 존재는 끊임없이 변합니다. 변화는 자연스러운 것입니다. 아름다운 법계 본연의 모습이에요. 그것을 받아들여야 합니다.

天地與我同根천지여아동근이요
萬物與我一體만물여아일체라.

하늘과 땅은 나와 더불어 한 뿌리요, 모든 존재는 나와 더불어 하나이다.

〈화엄경〉에서는 대자연이 부처님의 몸이요 전법교화의 무대라고 했으며, 천지중생이 나와 한 몸 한 생명이라고 했습니다. 바로 그 정신을 실상대로 알고, 그 정신에 따라 중생들과 고락苦樂을 함께하는 실천이 바로 동사섭同事攝이요, 동체대비행同體大悲行입니다. 그러므로 동체대비와 동사섭의 보살행은 모든 불자들이 늘 염두에 두고 실천해야 할 우리 모두의 큰 화두이지요.

자연과 인간은 둘이 아니고 하나입니다. 그러나 인간들은 개발과 발전이라는 명목하에 지구상에 존재하는 수많은 생명들을 죽이고 멸종시키고 있습니다.

지구가 생성된 후 최초로 습생의 녹화식물이 태양의 빛을 이용하여 광합성으로 식물을 만들고 동물을 생성시킬 수 있는 환경을 조성하였고 그러한 자연환경 속에서 인간도 출현할 수 있었던 것을 알아야 합니다. 그런데도 인간은 자신을 낳아준 은혜를 망각하고 자연환경 속에서 살아가는 모든 생물들은 물론 공기와 토양마저 무차별 수탈과 학대로 오염시키고 있어요. 이러한 일이 계속된다면 자연 속에서 공생하는 모든 사물이 파멸될 것이고 결국은 인간마저도 파멸되고 말 것입니다. 지금 우리 주변에는 병들지 않은 곳이 없어요. 자연도 그렇고 사람도 그렇고 환경도 그렇습니다.

사람들은 인간중심의 사고와 이기주의에 길들여져 인간을 만물의 영장으로 생각하고 주변의 모든 것들이 인간을 위해서 존재하는 것으로 착각함으로써 자연을 죽이고 자연이 다시 인간을 죽이는 악순환에 빠져들게 하고 있습니다. 인간의 무분별력이 얼마나 잘못돼 있으며 모든 존재들이 절대적인 존재 가치를 지니고 있음을 여실하게 보여주는 사례를 하나 들어보겠습니다.

인도네시아 정부는 울창한 열대우림에 벌목 허가를 승인해주었어요. 벌목 공장이 들어서면서 주민들에게 일자리가 생기게 되어 지역민들의 생활에 도움을 주게 됐고 벌목된 나무는 수출용으로 외화도 벌어들이고 건축자재로도 쓰일 수 있겠다는 계산에서였지요. 이로 인해 자연림은 모두 벌목되고 황폐화된 자연림에는 대신 속성으로 자라는 뉴질랜드산 나무를 심었어요. 그러자 이 속성 나무들의 엄청난 흡습력에 의해 지하수가 고갈되고 주민들은 먹을 물조차 없어지고 그 나무 밑에는 잡초조차 자라지 않았습니다.

이로 인해 야생 조류와 동물들은 물론 벌레들이 모두 사라져 생태계가 급속도로 파괴되어 갔어요. 주민들은 농사도 지을 수 없어 벌목 공장에서 계속 일을 하며 생계를 유지했지만 벌목 공장의 연기와 공해로 호흡기질환, 눈병, 피부병으로 육신이 병들고 가난도 면할 수가 없었지요.

열대우림은 비록 인도네시아에 있지만 지구의 허파 역할을 하고 있었던 열대우림의 파괴는 지구와 인간을 함께 죽게 만드는 것임을 몰랐던 것이지요. 인간은 자연을 마음대로 이용할 권리가 있는 것이 아니라 자연과 함께 살아가는 공동체임을 알아야 한다는 극명한 사례입니다.

자연의 섭리를 거역하면 반드시 혹독한 대가를 받게 됩니다. 길가에 자라는 풀들이 내뿜는 공기산소로 사람들이 살고, 사람들이 내뿜는 공기이산화탄소를 식물들이 먹고산다는 사실과 인간의 몸은 죽어서 식물의 영양소가 되고 식물은 인간에게 식량을 되돌려 주는 것이 자연에서는 공생관계요, 불교에서는 윤회사상의 일부입니다.

우리 절에는 법당과 요사채를 제외한 400여 평의 부지에 화단과 조그만 채소밭, 잔디와 야생초 그리고 그 속을 비집고 살아가는 잡초들이 있습니다. 내가 이곳에 온 지 22년이 넘었지만 지금까지 한 번도 제초제나 농약, 화학비료를 사용한 적이 없고, 풀은 손으로 직접 뽑아요. 절 주변에는 사방이 논이나 농장, 밭으로 둘러싸여 있는데 삼 일이 멀다 하고 농약, 제초제, 화학비료를 살포하는 것을 봅니다. 그곳에 살던 동물, 식물, 곤충들이 쫓겨서 우리 절 마당으로 피신해 모여들어요. 이곳이 그들에게는 극락이요, 보금자리가 된 것이지요.

이곳에서 직접 확인된 것만 종류별로 보면 메뚜기, 여치, 귀뚜라미, 달팽이, 두더지, 두꺼비, 개구리, 뱀, 도마뱀, 지렁이 등이 공존하며 참새, 비둘기, 족제비, 들고양이들이 먹잇감을 찾아 들락거립니다. 그러나 겉으로는 보이지도 않고 찾을 수도 없이 그저 조용하기만 하지요.

몇 년 전 무더운 여름날 지장재일 법회를 마치고 신도들이 돌아가는 시간에 바깥에서 시끄러운 소리가 나 나가보니 신도들이 화단 쪽을 보며 놀란 표정을 짓고 있었습니다. 가까이 가보니 구렁이 한 마리가 똬리를 틀고 일광욕을 즐기고 있었어요. 나는 구렁이에게 조용히 말했지요. "네가 전생에 죄를 많이 지어 뱀의 몸을 받고 태어났으면 조용히 숨어서 살 것이지 왜 대낮에 밖에 나와 여러 사람을 놀래키느냐"면서 절에 살아 염불을 많이 들을 테니 다음 생에는 꼭 사람 몸 받아 태어나라"했더니 마치 내 말을 알아들었다는 듯 스르르 돌 사이로 사라졌는데, 10년이 지난 지금까지 한 번도 나타난 적이 없어요.

지난봄에는 시장에서 고추 모종 50포기, 가지 모종 10포기를 사다 텃밭에 심었어요. 비료나 농약은 뿌리지 않았는데도 엄지손가락 2개를 합친 것만큼 큰 고추가 주렁주렁 고춧대가 부러질 정도로 많이 열렸어요. 이렇게 채소가 잘 되는 이유는 이곳에 지렁이가 살기 때문입니다. 지렁이 크기가 볼펜 굵기로 길이가 10~30cm가 되는 것도 있어요. 한 연구가에 따르면 지렁이는 보통 1m에서 최대 5m까지의 활동 반경 내에서 땅을 헤집고 다닌다고 하며 지렁이가 다닌 길은 수분과 산소가 머물러 토양생물들의 길이 되고 식물뿌리가 쉽게 뻗을 수 있는 공간이 된다고 해요. 우리가 쓰레기라고 부르는 온갖 것을 먹고 그 배설물이 분변토가 되어 식물이 자라기에 더없이 좋은 흙이 된다는 것입니다.

모든 생명체에는 자성自性이 있고, 혼자서 존재하는 것이 아니라 인연의 복합으로 이루어진 것이기 때문에 독립적으로 생명을 영위할 수 없으며 지속적으로 외부와 접촉하여야 합니다.

우리 주위에는 수많은 생명체가 존재하며 그들은 나름대로의 특징을 지니고 살아갑니다. 그 특징 중에는 신진대사가 있습니다. 신진대사란 생명체의 성장이나 유지에 필요한 영양소를 외부에서 섭취하여 생명활동의 과정에서 생긴 노폐물을 몸 밖으로 내보내는 과정이지요.

부처님께서는 천지의 큰 덕은 만물을 낳아 기르는 생명력이고 여래의 큰 도는 중생을 불쌍히 여겨 제도하는 자비심이라 하시고 사람과 축생이 비록 모습은 다를지라도 심성은 한가지라고 말씀하셨습니다. 비록 지금은 천상이나 인간, 아수라, 축생, 아귀, 지옥의 육도에서 사는 중생일지라도 이들 모두는 똑같은 하나의 귀중한 생명을 가진 존재들이지요. 인간과 축생은 물론 미물들까지 생명을 가진 모두는 불성을 지니고 있기 때문에 전생에 지은 죄를 사하고 업장이 모두 소멸되면 다시 천상에 갈 수도 있고 다시 인간세계로 태어날 수도 있기 때문에 이들 모두를 함부로 해서는 안 되는 것입니다.

우리 모두는 불성을 가진 고귀한 존재입니다. 그렇기에 일체중생은 평등하고 존귀합니다. 이는 곧 중생이 부처라는 말입니다. 우리는 한 뿌리이며 한 몸, 한마음의 존재라는 것을 명심해야 합니다. 일체 중생은 서로 의지하고 상부함으로써만 존재할 수 있는 연기적 관계에 있다는 것을 자각해야 합니다. 그렇기에 늘 모든 생명을 존중하고 상생할 수 있도록 깨어있어야 합니다. 모든 진리는 항상 현실 가운데서 실현돼야 합니다. 진흙탕 속에서 연꽃이 피어나는 이치를 절대로 잊어서는 안 됩니다.

바쁘고 조급한 세상 속에서 바쁨에 내몰려 이리저리 쫓기지만 말고, 잠시 짬을 내 텅 빈 맑고 순수한 시선으로 세상을 바라보는 시간을 가져보세요. 우리 사람들은 자연과 진정으로 만날 줄 알아야 할 것입니다. 이기심이나 이용가치를 따지지 않고 순수하게 만나고자 해야 합니다.

보시바라밀(布施波羅蜜)

불교에서 강조하는 보시布施의 어원은 범어로dana이다. 이것은 곧, 물질 또는 정신적 측면에서 상대방에게 도움이 되는 일을 베풀어 주는 것을 말한다. 기독교에서는 남을 구제할 때, '오른손이 한 것을 왼손이 모르게 하라'고 하였다. 우리 불교에서는 수행의 6바라밀 중의 첫 번째 덕목으로 '보시바라밀'이 있다. 진정한 베풂은 어떤 보상이나 대가를 바라지 않고 남에게 도움을 주는 것이다. 보시바라밀 역시 이러한 자세를 지향한다. 보시는 성불하기 위해 보살이 닦아야 할 여섯 가지 덕목 중의 하나다. 여기에서 보시가 강조되는 이유는 종교인뿐만 아니라 아름답고 행복한 사회를 만들기 위해서는 보시가 토양이 되어야 하기 때문이다. 보시는 기름진 토양이며, 여기에 햇볕과 수분, 곤충, 바람 등이 충분하면 튼튼한 씨앗에서 싹이 트게 된다. 재물의 보시가 공덕이 되려면 무위의 마음이어야 한다. 재물의 보시도 중요하지만 깨끗한 마음으로 분별심을 짓지 아니한 무심無心의 행동으로 이루어져야 한다. 그리고 보시를 할 때, 아무런 생심 없이 순구한 정성과 마음으로 해야 한다. 그렇지 못하고 그저 도와주자는 차원에서, 혹은 상대방이 불쌍하다는 이유만으로 행한다면 그것은 진정한 보시가 아니다. 보시바라밀은 어려운 일이 아니다. 어렵게 생각되는 까닭은 우리의 관념과 물질적인 집착 때문이다.

행복해지기 위해선 다른 사람의 도움이 있어야 한다. 다른 사람 또한 나의 도움이 필요하다. 이것이 곧 공생이다. 다른 사람을 행복하게 할 때, 자신의 행복도 이루어진다.

[사례1]

남에게 도움을 준다는 것은 바로 나의 행복을 위한 것이다. 지난 2007년 9월 5~8일까지 3일간 전 세계 장애인 대회가 열렸다. 9월 4일, KBS홀에서 71개국 2,300여 명의 장애인들이 참석했다. 이날 참석자 중에 세계적 복음가수의 얼굴도 보였다. 그 사람은 바로 스웨덴의 '레나 마리아', 그녀는 두 팔이 없고 왼쪽 다리가 짧았다. 그러나 그녀는 자신이 처한 상황을 비관하지 않았다. 누구도 탓하거나 원망하지 않았다. 그녀의 신체에 유일하게 성한 곳은 오른발 하나뿐이었다. 그녀의 오른발은 만능이었으며 목소리는 감미로웠다. 한 발로 운전도 하고, 글씨도 쓰고, 상대방에게 명함을 건네는 등 자신의 장점을 최대한 활용하였다. 그렇게 되기까지의 과정은 너무나 힘들었다. 혼자서 걷는 데 무려 3년이 걸렸고, 옷을 입는 데만 해도 12년이 걸렸다. 그녀는 선천성 장애인이다. 그녀가 홀로 설 수 있었던 데에는 장애인을 바라보는 스웨덴의 사회적인 분위기와 부모의 역할이 컸다고 한다. 그녀의 부모는 그녀가 넘어져도 일으켜 주지 않았다. 어린 그녀가 스스로 일어날 때까지 잠자코 기다렸다고 한다. 그녀는 특수학교나 장애인 학교에도 다녀본 적이 없다고 한다. 그녀는 18세 때 세계 장애인 수영대회에서 50m 부문의 금메달을 목에 걸었다. 그 후 타고난 목소리로 가수가 되기 위해 스웨덴의 명문 스톡홀름 음대를 졸업하면서 가수가 되었다. 그녀가 말하기를, 수영은 경기할 때만 즐겁지만 노래는 언제나 어디서나 즐거움을 준다고, 그런 이유에서 음악을 선택했다고 한다. 그녀는 전 세계 각국 순회공연을 통해 생긴 수입금으로 태국, 루마니아의 고아와 빈민들을 돕는다며 장애인 자립을 돕는 단체 설립을 추진 중이라고 했다. 몸의 장애가 없는 사람들에게도 도움을 주는 레나 마리아. 그녀는 하늘에서 내린 진정한 천사가 아닐까.

[사례2]

서울대 지구환경부 이상묵 교수, 그는 한국판 '스티븐 호킹' 교수로 통한다. 그는 미국 캘리포니아 주의 카라조플레인 국립공원에서 지질조사를 하던 중, 교통사고로 목 아랫부분이 완전히 마비되고 만다. 차량 동승자였던 제자는 그 자리에서 숨진다. 숨진 제자와 자신이 처하게 된 상황 때문에 그는 괴로운 날들을 보낸다. 이 소식을 접한 같은 대학 이건우 교수

는 안타까움을 금치 못한다. 마침 그해, 교수는 11월 경암학술상을 받았는데, 그때 상금으로 받은 1억 원을 이상묵 교수를 도우라는 하늘의 뜻으로 생각한다. 그는 상금 전액을 이상묵 교수의 치료비로 전달했다고 한다. 이상묵 교수는 서서히 그리고 꾸준한 재활 시간을 가진다. 그 결과, 2007년 3월, 특수 제작된 휠체어를 타고 강단에 복귀할 수 있었다. 그는 입김으로 작동시키는 특수마우스를 이용해 노트북 파일을 열고 출석부에 있는 학생들의 이름을 하나하나 불렀다. 이날 강의 과목은 바다의 탐구였다. 이 교수는 오로지 얼굴만을 움직일 수 있었지만, 웹 서핑과 논문 작성이 가능하다. 전화를 걸고 받는 일에도 어려움이 없다. 그는 비록 사고를 당해 장애인이 되었지만 결코 좌절하지 않겠다는 마음을 먹고 살아가고 있다. 자신처럼 신체적인 어려움을 겪는 이들에게 희망을 보여 주겠다며 애쓰고 있다. 또 다른 희망을 나눠 주려고 사재 5천만 원과 학교 지원을 받아 장학 재단을 만들었다고 흐뭇해 한다. 그를 보면서 나는 보시바라밀의 뜻을 다시금 되새겨 보게 되었다. 나눔이 희망이 되고, 희망이 다시 나눔을 만들어 가는 세상을 말이다.

부록

동문탐방

● 동문탐방: 대봉산, 세심사를 다녀오면서

– 2010. 5. 10 최정훈 연세대학교 교육대학원 동문회 사무장

녹은 쇠를 녹슬게 하고 악은 사람의 몸을 녹슬게 합니다. 행실이 옳지 못한 것은 마음의 때요, 물건을 탐하는 것은 보시의 때입니다. 그러나 이러한 세상의 때보다 더 나쁜 때는 무지의 때입니다. 무지의 때를 씻지 않으면 영혼의 새벽은 결코 찾아오지 않습니다.

경남 마산 덕동 773-1. 대봉산 산자락에 자리한 동문사찰이다. 청량도량인 세심사洗心寺 주지스님 장세규 동문호정스님은 지역사회 내 공동선 추구와 교화활동을 하고 있습니다.

특히 마산 관내 경찰서 경승 실장직, 창원교도소 재소자 교화법사회 회장직을 맡아 전 의경의 소양교육과 교도소 내 수감 수인들을 교화하고 무의탁 수인들에게는 영치금을 마련해 주며 자매법회 생일법회를 통해 심신을 정화시켜 갱생의 의지를 북돋아 주고 있습니다.

1999년 경원장학회를 설립하며 10여 년간 불자가족과 불교대학생에게 장학금을 지급하여 형설의 공덕을 쌓기도 하였습니다. 호정 스님은 법당이나 요사채의 불사도 중요하지만 그보다 더 시급한 문제는 사람을 짓는 일이라고 생각하며 원효 스님 한 분이 해동불교를 빚어내었듯이 사람 하나 잘 지어내면 거대한 사찰 수만 개 짓는 것보다 더 튼실한 불사가 된다고 이웃에게 설파합니다. 매년 서화전을 통해 장학기금마련에 열과 성을 다하고 있습니다.

마산 중부 경찰서 경승과 불경회원을 주축으로 한 자원 봉사대를 조직하여 관내 독거노인, 장애자, 소년소녀 가장 돕기 운동을 전개하여 이타행을 추구하는 지역 청량도량으로서의 역할을 다하고 있습니다.

세심사는 통합 창원시 지역 불교연합회 법회활동과 교화활동의 중심축이 되고 소외계층을 위한 봉사활동을 지속적으로 끼친 기여도로 관내 유관기관과 법무부장관으로부터 표창장을 받은 바 있습니다.

진정한 행복이란 이념과 종파를 초월해 '자기만의 꽃을 피우는 일'입니다. 중생들에게서 심신을 정화시키고, 향기로운 새벽을 맞이하도록 실천하는 호정 스님의 깊은 뜻에 몸과 마음이 편안한 동문탐방이었습니다.

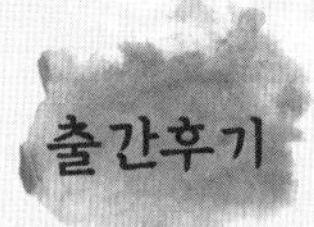

호정 스님이 세상에 띄우는 연꽃 같은 이야기
독자들의 마음에 향기로 남기를 기원합니다

권선복
도서출판 행복에너지 대표이사

불교의 가르침 중에 '보시바라밀布施波羅蜜'이라는 용어가 있습니다. 이것은 곧, 물질 또는 정신적 측면에서 상대방에게 도움이 되는 일을 베풀어 주는 것을 말합니다. 보시를 할 땐, 아무런 생심 없이 순구한 정성과 마음으로 해야 합니다. 그렇지 않고 그저 도와주자는 차원에서, 혹은 상대방이 불쌍하다는 이유만으로 행한다면 그것은 진정한 보시가 아닙니다. 행복해지기 위해선 다른 사람의 도움이 있어야 합니다. 인간은 혼자서는 살 수 없는 존재이기 때문입니다.

이 책을 쓰신 호정 스님은 더불어 사는 삶에 대해 이야기하고 있습니다. 사람과 사람, 사람과 자연이 공존하는 이야기를 이 책에 담았습니다. 이야기 곳곳에 등장하는 부처님의 말씀을 읽다 보면 마치 암자에 들어온 듯 마음이 편안해지는 것을 느낄 수 있을 것입니다. 사람들은 흔히 '모든 일은 마음먹기에 달렸다'는 말을 하곤 합니다. 마음먹기에 따라 불안과 괴로움을 아무것도 아닌 일로 만들 수 있기 때문입니다. 하지만 이기주의와 물질만능주의가 범람하는 이 시대에 마음 다스리기란 그리 쉬운 일이 아닙니다. 저자인 호정 스님은 '놓아버림'을 얘기하고 있습니다. 자존심과 아집을 놓아버릴 것, 그리고 열린 마음으로 남에게 먼저 베풀 것, 그것이 바로 마음의 평화로 가는 지름길이겠지요.

연꽃은 열 가지의 특징을 갖고 있다고 합니다. 계향충만戒香充滿은 연꽃이 피어난 물속의 시궁창 냄새는 사라지고 향기가 가득 채워지는 것을 의미합니다. 한 사람의 인간애가 사회를 훈훈하게 만든다는 것을 뜻하는 말입니다. 이렇게 사는 사람을 연꽃처럼 사는 사람이라고 하지요. 세상이 거대한 연못이라면, 이 책에 실린 글들은 호정 스님이 세상을 향해 띄우는 연꽃들과도 같습니다. 독자분들의 마음도 이처럼 연꽃 향기로 맑아질 수 있기를 바랍니다.

출판사 서평

연꽃은 열 가지의 특징을 갖고 있다고 합니다. 이런 연꽃처럼 사는 사람을 두고 우리는 생이유상生已有想이라고 합니다. 호정 스님은 생이유상生已有想의 삶을 꿈꾸는 사람입니다. 생이유상의 덕목 중에 계향충만戒香充滿이라는 말이 있습니다. 계향충만戒香充滿이란 연꽃이 피어난 물속의 시궁창 냄새는 사라지

고 향기가 가득 채우는 것을 의미합니다. 한 사람의 인간애가 사회를 훈훈하게 만든다는 것을 뜻하는 말입니다. 이 책에 실린 이야기들은 모두 인간, 즉 사람에 대한 이야기입니다. 사람과 사람 사이에서 부처의 가르침을 발견하기도 하고, 사람과 자연 간의 공존을 말하기도 합니다. 삶의 풍경 곳곳에서 마주치는 부처의 이야기를 접하다 보면 어느새 암자에 들어온 듯 마음이 편안해지는 것을 느낄 수 있을 것입니다. 이 책 『연꽃처럼 살다가 수련처럼 가련다』를 통해 마음의 평안을 누리시길 바랍니다.

마산중부경찰서 황철환 서장이 경남 창원시 마산합포구 세심사를 찾아 실종 치매 환자를 발견한 호정 스님에게 감사장을 전달.

태고종 교정위원협의회 회장단.
가운데가 회장 송월 스님,
좌우는 부회장 고담 스님과 호정 스님

‘행복에너지’의 해피 대한민국 프로젝트!

〈모교 책 보내기 운동〉

대한민국의 뿌리, 대한민국의 미래 **청소년·청년**들에게 **책**을 보내주세요.

많은 학교의 도서관이 가난해지고 있습니다. 그만큼 많은 학생들의 마음 또한 가난해지고 있습니다. 학교 도서관에는 색이 바래고 찢어진 책들이 나뒹굽니다. 더럽고 먼지만 앉은 책을 과연 누가 읽고 싶어 할까요?
게임과 스마트폰에 중독된 초·중고생들. 입시의 문턱 앞에서 문제집에만 매달리는 고등학생들. 험난한 취업 준비에 책 읽을 시간조차 없는 대학생들. 아무런 꿈도 없이 정해진 길을 따라서만 가는 젊은이들이 과연 대한민국을 이끌 수 있을까요?

한 권의 책은 한 사람의 인생을 바꾸는 힘을 가지고 있습니다. 한 사람의 인생이 바뀌면 한 나라의 국운이 바뀝니다. **저희 행복에너지에서는 베스트셀러와 각종 기관에서 우수도서로 선정된 도서를 중심으로 〈모교 책 보내기 운동〉을 펼치고 있습니다.** 대한민국의 미래, 젊은이들에게 좋은 책을 보내주십시오. 독자 여러분의 자랑스러운 모교에 보내진 한 권의 책은 더 크게 성장할 대한민국의 발판이 될 것입니다.

도서출판 행복에너지를 성원해주시는 독자 여러분의 많은 관심과 참여 부탁드리겠습니다.

임직원 일동